Relatos Umbandistas

André Cozta
Ditado por Pai Thomé do Congo

Relatos Umbandistas

MADRAS®

© 2014, Madras Editora Ltda.

Editor:
Wagner Veneziani Costa

Produção e Capa:
Equipe Técnica Madras

Revisão:
Érica Alvim
Letícia Pieroni
Renata Brabo

Dados Internacionais de Catalogação na Publicação (CIP)
(Câmara Brasileira do Livro, SP, Brasil)

Congo, Pai Thomé do (Espírito).
Relatos umbandistas/ditado por Pai Thomé do Congo; anotado por André Cozta.
– São Paulo: Madras, 2014.

ISBN 978-85-370-0776-1

1. Psicografia 2. Umbanda (Culto) I. Cozta, André. II. Título.

12-06633   CDD-299.672

Índices para catálogo sistemático:
1. Mensagens mediúnicas psicografadas: Umbanda: Religiões de origem africana 299.672

É proibida a reprodução total ou parcial desta obra, de qualquer forma ou por qualquer meio eletrônico, mecânico, inclusive por meio de processos xerográficos, incluindo ainda o uso da internet, sem a permissão expressa da Madras Editora, na pessoa de seu editor (Lei nº 9.610, de 19.2.98).

Todos os direitos desta edição reservados pela

MADRAS EDITORA LTDA.
Rua Paulo Gonçalves, 88 – Santana
CEP: 02403-020 – São Paulo/SP
Caixa Postal: 12183 – CEP: 02013-970
Tel.: (11) 2281-5555 – Fax: (11) 2959-3090
www.madras.com.br

Índice

Agradecimentos 7
Prefácio 11
Introdução 15
Revendo Minha Caminhada 17
Onde Começa e Onde Acaba Uma Missão? 37
Fundamental na Religião é Conhecer e Compreender
a Missão 51
Não Encontrei a Plenitude 61
Humildade: Ingrediente Fundamental 71
Vaidade, uma Armadilha
para o Médium 77
Seguir os Sinais é Sinal de Inteligência 89
Mensagem Final 97
Oração aos Poderes Divinos 99

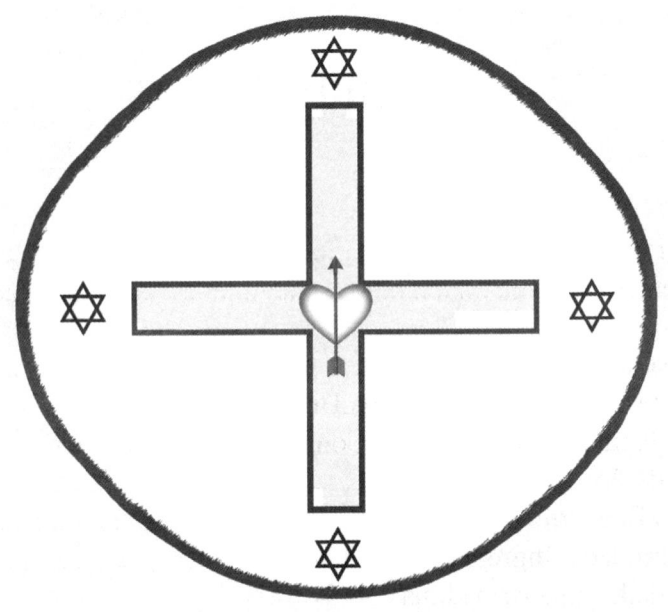

"Não há equilíbrio sem estabilidade, não há estabilidade sem equilíbrio; não há evolução sem justiça, não há justiça sem evolução."

Mestre Rhady

Agradecimentos

A Umbanda está presente na minha vida desde o meu primeiro suspiro nesta encarnação. Sou neto e filho de médiuns umbandistas. Cresci vendo Orixás, Pretos-Velhos e Caboclos trabalhando em prol da caridade e do bem comum das pessoas que os procuravam. No decorrer do caminho, o inevitável aconteceu. Não vou dizer que fui chamado, digo melhor: fui lembrado de que havia assumido um compromisso antes de aqui chegar. E testemunho: foi a melhor coisa que me aconteceu na vida.

Sem a Umbanda, sem os Sagrados Orixás, sem meu Anjo da Guarda, sem os Mestres e Guias da Luz, não sei por qual caminho eu teria trilhado, honestamente! E, nesta primeira publicação, em que fui um feliz servidor do meu Guia Espiritual, gostaria de fazer alguns agradecimentos:

Primeiramente, a Deus-Olorum, pelo privilégio de estar vivo e ativo. A todo enredo de Orixás que me acompanham, especialmente a meus Pais e Mães Ancestrais, de Frente e Adjuntó. Sem o vosso poder, nada seria possível! Agradeço ao meu Anjo da Guarda e à trama de Guias e Protetores Espirituais que me acompanham (Pretos-Velhos, Caboclos, Mestres, Magos, Crianças, Ciganos, Povo do Oriente, Povo de Rua), capitaneados por Pai Thomé do Congo, o mentor e autor espiritual deste livro. Sem a vossa força, talvez eu não tivesse chegado aqui!

Agradeço a meus familiares: Homero Batista da Costa (meu pai – in *memoriam*), Jussara Maria Alves da Costa (minha mãe), Maurício Alves da Costa e Rafael Alves da Costa (meus irmãos), Domingos Gregório Alves (meu avô – in *memoriam*), Georgina Ribeiro Alves (minha avó – in *memoriam*) e Sérgio Ribeiro Alves (meu tio – in *memoriam*).

Pai, mãe, manos, vô, vó e tio, aprendi muito no convívio com vocês. Saibam que foram e sempre serão fundamentais na minha vida!

Pai e mãe, a educação que me deram foi fundamental, exemplar; graças a ela sou quem sou. Com ela facilitaram muito o trabalho do mentor e autor espiritual desta obra. Este livro também é de vocês!

Agradeço também ao meu tio Jorge Amado Alves e à tia Nara Anita da Silva. Aprendi muito com vocês!

Rosana Cavaleri: uma verdadeira amizade não se encontra em qualquer lugar, mas, quando menos esperamos, cruzamos uma esquina e lá está alguém muito especial nos esperando. Rosana, os "puxões de orelha" foram de grande valor. Muito obrigado!

Hellen Costa: muitas boas surpresas Deus nos dá durante a vida. Saiba que você foi uma dessas, bela e bem recebida por mim. Obrigado pelo cuidado e carinho para comigo e minhas coisas!

Andrea Souza: passado, presente, futuro... tudo, na verdade, é hoje e sempre. Obrigado por tudo o que tem feito por mim ao longo dos tempos!

Taty Ferrer: sentimentos fraternais não têm explicação aparente, porém quero que saiba que você é muito importante e fundamental na minha vida.

Jorge Ricardo Diniz Pereira (Jorge Rasta): Você tem sido fundamental na minha jornada espiritual, com suas palavras sábias direcionadoras.

Fabrícia Carpenter: sua presença e amizade são indispensáveis. Sempre por perto, sempre pronta e disposta a me ajudar. Muito obrigado por tudo, sempre!

Vanessa Herce: mesmo com a distância geográfica, minha irmã, nossas caminhadas sempre ocorrerão paralelamente. Obrigado por tudo!

Dulce Ribeiro: obrigado por tudo, sempre! As palavras incentivadoras e os alertas foram de grande valia.

Ao meu Mestre José de Brito Irmão e a Simone Soares: saibam que têm sido, com seus ensinamentos, essenciais na minha vida.

Mestre Rubens Saraceni: seus ensinamentos foram e estão sendo fundamentais na minha senda evolutiva. O senhor teve participação ativa neste momento, na publicação deste meu primeiro livro. Por isso, eu lhe serei eternamente grato!

Mestre Alexandre Cumino: obrigado por abrir a porta que permitiu que esta obra fosse publicada.

Instituições: Casa de Caridade Pai Thomé (Canoas-RS), Centro Espírita Caboclo Flecheiro (Rio de Janeiro-RJ), Colégio de Umbanda Pai Benedito de Aruanda (São Paulo-SP), Colégio Tradição de Magia Divina (São Paulo-SP), Fundação Progresso (Rio de Janeiro-RJ), Grupo Cultural AfroReggae (Rio de Janeiro-RJ), Programa Social Crescer e Viver (Rio de Janeiro-RJ), Templo de Umbanda União da Luz (Porto Alegre-RS), Tenda Espírita Humildes de São Sebastião (Rio de Janeiro- RJ).

Todas, de alguma forma e em algum momento, foram pilares importantíssimos na minha caminhada. Amigos, amigas, colegas de trabalho, companheiros(as) de jornada, irmãs e irmãos de coração: Aline Kaneco, Altair Martins da Silva, André Nascimento,

Andréa Chagas, Bruno Klein, Carlos Deni, Caroline Chasse, Chechena (exemplo de vida), Clarisse Borba, Cláudia Wiltgen (Cláudia Regina Marques de Toledo), Christine Dieguez, Cristina Alves, Daniela Rotti, Dany Martins (Bebesbiquinha), Dona Lindomar, Dona Nicinha, Dona Tereza, Dudah Oliveira, Ecio Salles, Eliane Madeira de Carvalho, Elisangela Calado, Evandro João (*in memoriam*), Eve Belanger, Éverton Alfonsin, Éverton Pereira, Fernanda Vargas, Iamar Anita da Silva, Heliana Marinho, Izabel Roizen, Jairo Cliff, Jeferson Alfonsin, José Junior, Junior Perim, Leandro Steiw, Luciane Leal, Lurian Duarte, Luzia Maria de Castro, Maciel Costa da Silva, Marcão Matos, Márcio "Brow" Marques, Marfiza de França, Maria de Fátima Correia, Maria Inês Pacheco Alfonsin, Mary Gaspari (Bebesbicona), Michele Neves, Paula D'Arienzo, Paulo Lotufo, Perfeito Fortuna, Rejane Lopes, Ricardo Korol, Rodrigo Rezende, Sálvio Lisboa de Carvalho, Sandra Oliveira, Silviane Amorim, Taís Freire, Tatiana de Iemanjá, Tatiane Mendonça, Tekko Rastaffari, Vanessa Damasco, Vanessa Santa Marinha, Vinicius Daumas e Zé Renato.

Meus sinceros agradecimentos a todos que, em algum momento e de alguma forma, me auxiliaram nesta caminhada.

André Cozta

Prefácio

Foi uma grata surpresa este convite do irmão André Cozta para prefaciar seu livro e, mais ainda, saber que o mesmo partiu por determinação de Pai Thomé do Congo. Tive a oportunidade de ler quase toda a literatura de Umbanda, desde o primeiro livro publicado em 1939 por Leal de Souza – *O Espiritismo, a Magia e as Sete Linhas de Umbanda* –, passando pelos títulos mais conhecidos, até outros tantos raros e totalmente desconhecidos na atualidade. Ler e Estudar nunca foi o forte da religião de Umbanda, muito prática e bem pouco teórica, algo que começou a mudar no início da década de 1990.

Os títulos de Umbanda antigos em muito se contradizem e, muitas vezes, pouco esclarecem, quando não, confundem e complicam o que deve ser simples e transparente. O perfil do umbandista vem mudando. Cada vez mais, novos médiuns querem conhecer os fundamentos de sua religião e praticá-la com conhecimento de causa. Muitos umbandistas procuravam compreender o mundo dos espíritos por meio das obras de Kardec e Chico Xavier, o que é louvável. Mas se, por um lado, vão aprendendo sobre a realidade dos espíritos, por outro, continuavam as lacunas de como os espíritos de Umbanda se movimentam e se relacionam dentro deste universo em particular.

Há pouco mais de uma década, o autor, médium e sacerdote Rubens Saraceni abriu novo campo dentro desta realidade, trazendo romances psicografados por entidades de Umbanda. Logo, outros médiuns de Umbanda compreenderam que era chegada a hora de recebermos nossos mentores também nesta modalidade mediúnica, a psicografia, para registrar em papel o conhecimento e a sabedoria daqueles que militam no astral da amada religião. O resultado tem sido títulos que, aos poucos, vão construindo um alicerce de base doutrinária e teológica para os adeptos e simpatizantes. Hoje, podemos dizer que temos literatura, conhecimento e bons cursos para compreender melhor a religião.

Este é o primeiro título que chega às minhas mãos com casos de médiuns desencarnados, relatando suas histórias de vida e de fé, rasgando seus peitos para mostrar erros e acertos na caminhada espiritual umbandista. Ao ler estas páginas de vidas mediúnicas, lembrei-me do título de André Luiz – psicografado por Chico Xavier – *Os Mensageiros*, em que sete médiuns "fracassados" citam as razões de suas quedas na última encarnação. Há pouco, reli esta obra e fiquei com o sentimento de que seria muito bom e positivo se houvesse algo similar na literatura de Umbanda. Como nada é por acaso, aqui está o título de Pai Thomé que vem ao encontro deste anseio e lacuna em nossa literatura. Os depoimentos confirmam o velho adágio, tão corrente na Umbanda: "Quem não vem pelo amor vem pela dor".

Em *Relatos Umbandistas*, passamos a acompanhar histórias tão nossas, situações tão comuns e corriqueiras, casos que poderíamos dizer: "aconteceu com fulana, fulano, beltrano...". Nós nos identificamos e nos sensibilizamos com cada um dos casos citados, de irmãos que passaram por experiências tão parecidas e próximas das nossas. Todos os dias, nos terreiros de Umbanda, vemos as dificuldades dos dirigentes materiais e espirituais em lidar com as situações mais adversas, e as mais complicadas são sempre aquelas nas quais entra em questão o ego e suas "qualidades" humanas, como soberba, arrogância, fanatismo, ilusão, ciúmes, inveja... vaidade, tudo vaidade.

O presente livro ajuda-nos a enxergar de fora e a aprender com a história de irmãos que viveram situações tão parecidas com as nossas. Fico aqui agradecido pela oportunidade que temos, todos nós, umbandistas, de contar com mais um título enviado pelos mensageiros da luz, na sagrada corrente astral da Umbanda, e que vem direto atender aos nossos anseios e necessidades doutrinárias. Parabéns ao irmão André por ser veículo desta obra. Muito obrigado ao Pai Thomé por nos presentear com tais ensinamentos. Oxalá abençoe esses irmãos que colocaram aqui seus relatos.

Alexandre Cumino
Bacharel em Ciências da Religião, médium e sacerdote de Umbanda, ministrante dos cursos de Teologia e Sacerdócio de Umbanda Sagrada e autor do livro *História da Umbanda* (Madras).

Introdução

Relatos Umbandistas é uma oportunidade para que os adeptos e praticantes desta religião possam conhecer algumas realidades de um outro momento da Umbanda no Brasil.

Os 7 relatos que fazem parte deste livro, ocorrem a partir da metade do século XX (anos 1950 ou 1960, em diante), num momento em que a Umbanda encontrava-se em pleno crescimento no Brasil. Pois, mesmo assim, os relatos mostram a todos nós, umbandistas, que devemos manter o sinal de alerta sempre aceso.

Atentem para as questões referentes à vaidade, à humildade e ao conhecimento, especialmente, muito presentes neste livro.

Fundamentalmente, o objetivo desta obra enviada por esses sete espíritos umbandistas desencarnados, monitorada por esse Senhor Mestre da Luz, o Preto-Velho Pai Thomé do Congo, é mostrar-nos que seguir o caminho correto é bem simples. E a simplicidade é o grande segredo e a grande chave de tudo.

Espero que sua leitura seja proveitosa!

André Cozta

Revendo Minha Caminhada

Naquele dia, peguei-me fitando a imagem de Nossa Senhora de Guadalupe.

O cansaço tomava conta do meu corpo. O dia de trabalho me deixara assim.

Eu era um jovem publicitário ambicioso. Gastava boa parte do meu tempo "maquinando" como seria meu futuro profissional bem-sucedido.

Certo dia, conversando com uma amiga, quando ainda cursava a faculdade, disse-lhe: – Serei um publicitário de muito sucesso. Ganharei muito dinheiro, serei famoso. Espere e você verá!

Ela sorriu, transmitindo-me confiança. Alguns, quando ouviam tal afirmação, olhavam-me com inveja.

Eu achava que as pessoas emitiam esse tipo de vibração, porque, no fundo, não eram capazes. E eu era o mais capaz.

Ao menos era assim que eu pensava lá no meu íntimo.

Porém, com o passar do tempo, fui sentindo as dificuldades bem à flor da pele.

O meio em que estava me iniciando profissionalmente era uma fogueira de vaidades.

Ninguém era realmente amigo do outro. Cada um lutava selvagemente por seu espaço, por seu "lugar ao sol".

E, no afã de me adaptar àquela realidade, tratei logo de armar-me e vestir-me a rigor.

Sabia muito bem jogar aquele jogo, era hábil e esperto, bonito, inteligente e sedutor.

Usava todos estes predicados como armas a meu favor, numa guerra fria, sórdida e inescrupulosa.

Aquela imagem da santa transmitia-me algo que não sabia interpretar corretamente.

Eu olhava para ela e me sentia como se fosse novamente uma criança.

Cresci em uma família católica. Somente minha mãe era uma praticante fervorosa. Ia à missa aos domingos, contribuía com a paróquia do nosso bairro financeiramente e também cozinhava em alguns eventos que lá eram organizados.

Meu pai era mais cético. Volta e meia, por insistência da minha mãe, ia à missa. Mas não tinha em si o hábito religioso. Nunca o vi rezando em casa.

Trabalhava, jogava bola com os amigos e bebia aos finais de semana.

Sempre foi um bom chefe de família, cuidadoso com suas obrigações. Porém, acho que ele e minha mãe, depois de um certo tempo casados, viviam mecanicamente. Mantinham uma relação de amizade, parceria, qualquer coisa assim, menos de amor!

Sempre achei que um verdadeiro relacionamento amoroso jamais permite que a chama da paixão se apague.

Eu havia tido algumas namoradas na adolescência, porém lidar com as mulheres fora da relação sexual era uma atividade estranha para mim.

Tinha dificuldades em compreender seus anseios, suas vontades, seus desejos. Não conseguia entender o que traziam nas entrelinhas de suas frases. Talvez por isso tenha passado pela vida sem me casar.

Sempre fui muito correto. Com o tempo, passei a ser mais observador, mas, confesso, até o momento em que fiz minha passagem, aos 63 anos, mantinha uma certa dificuldade em compreender as pessoas.

Mesmo com a idade já avançada, carregava em mim uma ingenuidade que, por muitas vezes, me foi prejudicial durante a vida.

Embora eu tenha aprendido muito durante a minha caminhada, confesso que muitas atitudes dos seres humanos ainda me espantavam e surpreendiam.

Voltando ao momento em que olhava aquela imagem de Nossa Senhora de Guadalupe: era uma tarde nublada de outono. Eu acabara de almoçar e retornava ao escritório onde trabalhava para uma grande agência de publicidade.

Parei em frente àquela igreja, porque algo naquela imagem me chamara a atenção.

Tentei interpretar, mas era como se lesse ou ouvisse um idioma ininteligível para mim.

Aos 26 anos, eu já era um profissional respeitado no meio e bem valorizado na empresa onde prestava serviços.

Porém, havia alguns meses, eu passara a sentir um vazio dentro do meu peito.

E me questionava: "Estou numa crescente profissional. Tenho boas relações que podem me render bons frutos. Relaciono-me com mulheres lindíssimas. Então, por que esta sensação? Como posso sentir falta do que nem eu sei o que é?".

Essas sensações vieram à tona enquanto olhava para a imagem daquela santa.

Fiquei com receio de continuar ali e tratei logo de voltar para o escritório.

Pensava e questionava-me: "Por que gastei meu tempo olhando para aquela santa?".

Já adulto, não tinha o hábito de ir à missa como na infância, quando era levado por minha mãe.

Na verdade, achava aquilo tudo bobagem. Acreditava na evolução material por meio do sucesso profissional.

Sobre Deus e as religiões, não tinha opinião formada e nem gastava tempo com isso. Preferia armar estratégias para o meu crescimento financeiro.

Havia uma situação na agência onde eu trabalhava que me prejudicava energeticamente. Um colega estava fazendo um complô contra mim.

Nutria fofocas, inventava histórias ao meu respeito. Conseguiu convencer e cooptar algumas pessoas que já não simpatizavam comigo. Outras "eram a meu favor" e acabaram ficando ao meu lado, mas a maioria manteve-se neutra.

A dona da agência, uma bela senhora astuta e exímia nas articulações do que hoje chamo de "jogo das vaidades", sabia dessa situação, porém fazia "vistas grossas".

Para ela, esse jogo era interessante e importante, pois, dentro da filosofia do "dividir para imperar", ela mantinha seu poder e manipulava a situação ao seu bel prazer.

E eu, pensando que ela estava ao meu lado, entrei no seu jogo e acabei saindo muito prejudicado.

O meu desafeto trabalhava naquela agência havia muito mais tempo do que eu e, na hora de "colocar na balança", a dona da agência optou por ele, o funcionário mais antigo e mais experiente.

Eu, um jovem publicitário bem-sucedido e emergente, estava, então, demitido de uma empresa bem conceituada no mercado.

Meu ego murchara naquele momento, não sabia o que fazer, não tinha forças para buscar uma vaga em outra agência.

Analisando friamente, eu possuía um ótimo currículo para um jovem na área. Tranquilamente, eu conseguiria uma boa colocação.

Porém, quando se está negativado ou negativando-se, tudo fica tão escuro que não enxergamos nem o que está um palmo à nossa frente.

Sentia-me mal. Saía para a rua sem destino. Eu poderia procurar trabalho, mas saía para caminhar e, invariavelmente, acabava bebendo.

Envolvi-me com mulheres fúteis, fáceis, fiz amizades com pessoas que (vim a saber mais tarde) eram usadas por agentes das trevas com o intuito de sugar minhas energias.

Já estava desempregado havia três meses e não sabia o que fazer. Seria despejado a qualquer momento da casa onde morava.

Poderia voltar para a casa dos meus pais, mas meu orgulho não permitia nem ao menos que eu cogitasse tal situação.

Eles já estavam muito velhos. E eu, na verdade, não queria voltar a conviver com meu pai e minha mãe.

Porém, um certo dia, sentado em uma praça, um homem bem negro e bem velho aproximou-se.

Andava encurvado, apoiava-se em uma bengala. Quando chegou próximo a mim disse:

– Bom dia, meu filho! Posso me sentar ao seu lado?

Eu, intrigado, respondi:

– Claro que pode, meu senhor!

– Obrigado, filho!

Aquele homem sentou-se ao meu lado. Inexplicavelmente, comecei a bocejar. Sentia-me leve, como não acontecia havia muito tempo.

Ele olhou para mim, emitiu um leve sorriso e disse:

– Meu filho, saiba que tudo o que o senhor está passando vem de uma estrada, um caminho que o senhor mesmo escolheu trilhar.

Fiquei olhando para ele pasmo, não sabia o que dizer. E ele prosseguiu:

– O mundo, meu filho, tem muitos caminhos, muitas estradas. Deus fez assim para que pudéssemos escolher. E é impressionante como, apesar de tantas opções, as pessoas ainda continuam escolhendo as estradas esburacadas.

Olhou para mim, soltou uma pequena gargalhada e disse:

– Não é mesmo, meu filho?

Eu não conseguia falar nada àquele negro velho. Porém, ele continuava falando, como se estivéssemos realmente dialogando, como se lesse os meus pensamentos:

– É isso mesmo, meu filho! Quando o homem se encontra sem saída, busca-a justamente onde ela não está. No prazer fácil e descartável, na falsa satisfação. Acaba, ao final, sentando-se em uma praça como esta para buscar as respostas que sempre estiveram habitando o seu íntimo.

Naquele momento, pensei: "Quem é este homem? O que ele sabe sobre mim? Quem lhe contou o que tenho passado?".

Ele, como se estivesse lendo meus pensamentos, em voz alta, retrucou-me:

– Eu sou um amigo seu de muito tempo, meu filho! Sua memória agora, do jeito que está, não permite que se lembre de mim. Porém, quem sabe no dia em que o senhor limpar essa cabecinha, sua alma e até mesmo seu corpo dessas impurezas que absorveu, do ego, da vaidade e do orgulho, não se lembre de mim e da longa história que temos juntos, não é mesmo?

Pensei: "Eu devo estar ficando maluco!".

Ao que, imediatamente, ele falou:

– Eu não diria que o senhor está maluco, meu filho, mas ligeiramente equivocado quanto ao caminho que deve seguir. Diria que o senhor optou pela estrada errada e agora está pagando por isso. Sua própria consciência está lhe cobrando o tempo perdido, o tanto de estrada errada que o senhor já prosseguiu. Mas saiba, meu filho, que nunca é tarde para retornar. Vai dar um pouco de trabalho voltar ao ponto inicial desta estrada e começar a trilhar um novo caminho. Porém, garanto-lhe, é melhor fazer isso do que continuar teimando e seguindo pelas trilhas da ignorância.

Por um instante, olhei para a frente, queria refletir sobre aquilo tudo. Olhei para o lado, com o intuito de lhe fazer uma pergunta, mas ele não estava mais ali.

Fui embora frustrado, intrigado. O que aquele homem velho, negro e humilde estava me dizendo? Havia me passado uma lição de moral.

Nunca, em momento algum em minha vida, pude me imaginar numa situação como aquela.

E, na verdade, as palavras daquele Preto-Velho haviam mexido com algo dentro de mim.

Algum tempo se passou. Tive de retornar à casa de meus pais.

Logo em seguida, consegui emprego em uma agência pequena.

Aquele emprego deveria ser um reformatório para o meu ego. Só que eu achava que aquela colocação era pequena para mim. Por outro lado, voltara ao mercado e poderia, a partir dali, crescer e chegar a uma situação melhor.

Mesmo com todas as lições que a vida estava me apresentando, mantinha-me, já aos 28 anos de idade, vaidoso, arrogante e, em muitas ocasiões, prepotente.

Se estava empregado, por outro lado, considerava aquele trabalho e o salário que recebia pouquíssimos para a minha "capacidade acima da média".

Tentei obter uma melhor colocação em agências maiores, mas havia algo "invisível", uma energia estranha ao meu conhecimento, que me impedia em algum momento.

Já estava irritado com aquela situação.

Certo dia, por quase nada, briguei com minha mãe. Deixei-a chorando e parti para a rua.

Era uma tarde de domingo. Caminhei durante algum tempo e acabei, novamente, em frente àquela igreja, olhando a imagem de Nossa Senhora de Guadalupe.

Em poucos minutos ali, olhando para a santa, ouvi, à minha direita, uma risada marota.

Olhei para o lado e lá estava aquele Preto-Velho de outrora.

Fiquei em silêncio. Achei que seria mais prudente e mais inteligente, naquele momento, não falar nada.

Ele olhou-me por alguns minutos bem no fundo dos olhos, olhou para baixo em seguida, colocou a mão no bolso direito e puxou um cachimbo, que acendeu logo depois, apenas com um sopro.

Encurvou mais o corpo, apoiando-se na bengala e, olhando para a imagem da santa, disse:

– Meu filho, o senhor é bem religioso, não é mesmo?

Titubeei por aproximadamente um minuto. Respirei fundo e respondi a ele:

– Para ser bem honesto, meu senhor, eu não sou nada religioso! Não sou, nunca fui e acredito que nunca serei.

– E por que o senhor diz isso?

– Ora, meu bom senhor, porque eu tenho mais o que fazer, o senhor entende? Sou muito atarefado.

– Entendo, sim. Mas sabe quem era bem atarefado também, filho?
– Quem, meu senhor?
– Jesus Cristo!
Pitou o cachimbo, olhou-me nos olhos e prosseguiu:
– É, meu filho, o Mestre Jesus tinha muitos afazeres. Usou do verbo divino para levar o que chamam alguns de "Palavra de Deus" a muitos lugares. Curou muita gente, usou de recursos magísticos também para aliviar o peso que muitas pessoas carregavam. E ele, apesar de tantos afazeres, meu filho, não deixou o Pai de lado.
Imediatamente, retruquei:
– Ah, meu senhor, mas é diferente!
– É diferente, sim, meu filho, é diferente! Ele, apesar de precisar dormir, comer, beber e viver a vida na carne, achou tempo para fazer tudo o que fez.
– Mas creio não ser esta uma boa comparação, meu bom senhor: Jesus é Jesus!
– Claro. E é com base nessa afirmação que as pessoas se acomodam e não evoluem, meu filho! É óbvio que nenhum humano encarnado aqui no plano material será um novo Jesus Cristo, ninguém aqui se tornará um Mestre Ascensionado ou até mesmo uma Divindade. Porém, meu filho, se as pessoas olhassem realmente para o seu íntimo e lá encontrassem Deus (porque ele está dentro de cada um de nós), talvez conseguissem caminhar mais rapidamente em suas sendas evolutivas, estendendo a mão a seus irmãos em Deus.
Fiquei olhando para ele com atenção, que prosseguiu:
– Se, meu filho, todos os homens e mulheres tivessem a real noção de que o plano material é uma grande escola evolutiva, talvez aproveitassem melhor seus tempos buscando

justamente a evolução e não passeando pela vida como muitos fazem.

Naquele momento, senti que aquela cutucada era um recado direto para mim.

Ele voltou a olhar para a imagem e disse:

– O senhor conhece a história desta santa, meu filho?

– Ela é... (Titubeei, pois não lembrava o nome dela.)

Ele falou:

– É Nossa Senhora de Guadalupe, meu filho!

Naquele instante, lembrei-me de minha mãe contando para mim e meu pai a história dessa santa.

Lembrei-me claramente de um dia em que ela lia um texto em voz alta, que dizia: *Uma 'Senhora do Céu' apareceu a Juan Diego, identificou-se como a mãe do verdadeiro Deus, fez crescer flores numa colina semidesértica em pleno inverno, as quais Juan Diego devia levar ao Bispo, que exigira alguma prova de que efetivamente a Virgem havia aparecido. Juan foi instruído por ela a dizer ao Bispo que construísse um templo no lugar e deixou sua própria imagem impressa milagrosamente em seu* **Tilma**, *em um tecido supostamente de pouca qualidade (feito a partir do* **cacto**), *que deveria se deteriorar em 20 anos, mas que não mostra sinais de deterioração até hoje.*

Lembro que ela também falou, naquele dia, que Nossa Senhora de Guadalupe é patrona do México.

O Preto-Velho interrompeu meus pensamentos, dizendo:

– Esta lembrança veio em boa hora, meu filho!

– Por que, meu senhor?

– Veja que esse homem que teve a visão desta Divina Santa foi incumbido de ser o mensageiro portador da necessidade de que fosse aberto um novo templo religioso.

Fiquei olhando para ele sem entender o que queria dizer. Ele prosseguiu:
— Abrir um templo religioso, meu filho, é sempre uma renovação. Quando isso acontece, de algum modo, Deus está chegando a mais e mais pessoas. E é por isso que o senhor fita muito esta imagem e não entende a "língua" dela, não entende o recado de Deus. Na verdade, não entende o que Ele quer do senhor.
— Como assim?
O Preto-Velho soltou uma leve gargalhada e disse:
— Reflita, meu filho, reflita! O senhor encontrará a resposta.

Não consegui compreender o que ele queria transmitir. Em uma fração de segundos, novamente, havia desaparecido. E eu ficara com dúvidas e questionamentos sem respostas.

Alguns anos passaram-se. Eu já trabalhava em uma agência de porte médio.

Aos 35 anos, considerava-me um profissional qualificado demais para aquela empresa.

Este tipo de pensamento levava-me à arrogância e, consequentemente, conquistava a antipatia da maioria dos colegas.

Eu não me apercebia, mas minha história de vida era uma constante repetição de equívocos.

O tempo passava e eu continuava achando-me injustiçado e mais capaz do que a minha própria capacidade.

Certa noite, em um restaurante, briguei com um colega de trabalho por motivos fúteis, chegando, inclusive, às vias de fato.

Aquele episódio impensado trouxe-me problemas no trabalho.

Meu superior chamou-me à sua sala e questionou minha postura. Disse-me que há algum tempo vinha me observando notando que eu me considerava melhor do que meus colegas. E, olhando no fundo dos meus olhos, disse-me: – Você não sabe e não está preparado para trabalhar em equipe. Não necessitaremos mais dos seus serviços.

Daquela forma seca e sem rodeios, fui demitido.

Fiquei arrasado com aquela situação. Joguei-me na noite e na bebida.

Considerava-me mais uma vez injustiçado e, em hipótese alguma, cogitava rever meus conceitos, minhas atitudes.

O mundo estava contra mim. Eu não falhava nunca.

De volta à boemia, vivia rodeado por bebidas, mulheres e falsos amigos.

Aquele mundo fútil servia como um conforto para mim. Eu não conseguia compreender o que acontecia comigo, simplesmente porque não conseguia me compreender. Na verdade, tinha dificuldades em reconhecer-me, em recorrer ao meu íntimo para curar as feridas que eu mesmo criara.

Uma noite, após beber muito, chorava copiosamente na mesa do bar. E, em um determinado momento, ouvi uma voz ao meu ouvido que disse: – Vá agora para casa, meu filho!

Estava tão desesperado que achei que aquela voz poderia ser minha salvação para tudo.

Pensei que aquela voz poderia me tirar da angústia e me trazer o conforto de que eu necessitava naquele momento.

E, de alguma forma, minha intuição era correta.

Já em casa, em meu quarto, deitado à cama, ouvi novamente a voz dizer: – Agora, você precisa me ouvir de uma vez por todas. Será a última vez que lhe falarei!

Pensei: "Como assim? Quem está falando?"

E foi neste instante que ouvi a risada marota do Preto-Velho.

Novamente pensei: "Ah, então é o senhor!".
Ao que ele respondeu: – Sim, meu filho, sempre sou eu quem fala com você. Há muito tempo, aliás, desde um tempo que você não recorda.
Perguntei mentalmente: "Como assim?".
O Preto-Velho disse: – No momento certo você saberá e compreenderá. O mais importante neste momento, meu filho, é você saber que precisa mudar o rumo agora, ou não conseguirá mais reverter esta situação em que se encontra. E o buraco inevitável que há pela frente é muito fundo.

Fiquei, ao mesmo tempo, atento e desesperado ouvindo aquele homem, que prosseguiu: – O senhor teve todas as chances e todos os sinais durante esta sua caminhada no plano material para se atentar ao que é a sua missão e nunca deu ouvidos. Sempre preferiu a facilidade dos prazeres da carne, da vaidade e da satisfação do ego. Desde quando o senhor era criança, na escola, apareciam-lhe situações de auxílio aos colegas. Ainda nesta época, o senhor deixava seu coração falar mais alto e os auxiliava. Porém, com o passar do tempo, foi se tornando um homem desespiritualizado, desligou seu coração e se manteve ligado nas coisas da matéria e da realização financeira apenas. Então, meu filho, agora, o senhor fará um passeio comigo.

Ao que terminou de falar, o Preto-Velho apareceu em frente à minha cama, estendeu-me a mão e, involuntariamente, meu corpo foi levado até ele.

Eu estava, naquele momento, saindo do meu corpo para uma passeio astral com aquele Mestre da Luz.

Tudo o que relatarei a seguir, nunca esqueci. Na época, ainda encarnado, via tudo como um sonho, mas, agora, habitando o plano espiritual da vida humana, vejo tudo exatamente da forma que estou narrando, como um filme que passa em frente aos meus olhos.

Caminhamos, inicialmente, por uma mata. Após um certo tempo de caminhada, chegamos à uma clareira onde havia um índio forte, semblante sério, aguardando-nos.

O índio saudou-nos e reverenciou o Preto-Velho.

O Preto-Velho respondeu reverenciando o índio. Chamava-o de Caboclo.

O Caboclo falou:

— Meus senhores, está tudo pronto para a nossa viagem. Os senhores estão prontos?

O Preto-Velho olhou-me, e me mantive estagnado, olhando para a frente. Confesso que estava com muito medo, olhou para o Caboclo e disse:

— Estamos, sim. Podemos partir.

O Preto-Velho manteve-se à minha direita, enquanto o Caboclo parou à minha esquerda.

Em poucos segundos, volitamos para o alto de uma montanha.

O Preto-Velho olhou-me no fundo dos olhos, o Caboclo olhou-me da cabeça aos pés. Em seguida, jogou seu arco e sua bolsa de flechas ao chão, puxou da cintura uma machada vermelha de duas faces, passou-a por todo o meu corpo, sempre da cabeça aos pés, na frente, nas costas, no meu lado direito e no meu lado esquerdo.

Após isto, o Preto-Velho olhou-me e disse:

— Meu filho, a Justiça Divina não deixa escapar sequer um milímetro de cada atitude dos filhos de Deus, saiba disso! E quando falo dos filhos de Deus, não estou limitando-me somente ao que o senhor conhece, ou seja, o plano material da vida humana.

Pensei: "Do que ele está falando?".

Ele respondeu em voz alta:
– No momento oportuno, meu filho, o senhor terá uma compreensão bem ampla de tudo o que estou falando. Mas, como o senhor havia optado por um outro caminho, é necessário que comece agora praticamente da estaca zero.
Confesso que aquilo tudo era muito estranho para mim. Eu já havia tido sonhos e pesadelos variados, mas, sonho igual àquele, não recordava.
O Preto-Velho prosseguiu:
– Meu filho, há uma Justiça de Deus olhando por tudo e todos no Universo. Ela não falha. Esta justiça é um poder divino que determinou que, ou o senhor segue o rumo que lhe foi destinado a partir de agora, ou o senhor passará por um ciclo corretivo em sua senda evolutiva.
Neste instante, o Caboclo falou:
– Podemos partir para a primeira etapa, Preto-Velho?
– Vamos agora, senhor Caboclo. O Guardião já nos espera?
– Sim, senhor, ele encontra-se à porta, aguardando nossa chegada para nos acompanhar.
– Muito bem, então vamos! – disse o Preto-Velho.
Em uma fração de segundos, não nos encontrávamos mais na montanha, estávamos em um lugar muito escuro, pisávamos em uma lama nojenta e mórbida.
Demos alguns passos à frente com dificuldade, até que chegamos a um lugar também muito escuro, mas que parecia ser a porta de uma caverna.
Lá, encontrava-se um homem vestido de preto, capa preta, cabelos negros lisos, um fino bigode e uma bengala preta na mão esquerda. Fumava um charuto.
Ele disse:

– Boa noite, meus senhores! Já deixei tudo preparado para a nossa visita. É importante que o visitante menos experiente saiba que, para que entremos e saiamos ilesos deste local, devemos todos vibrar pensamentos positivos. Se nos negativarmos ou demonstrarmos medo em algum momento, poderemos ser pegos. E isto, moço – olhou bem no fundo dos meus olhos – pode resultar em alguns séculos residindo por aqui.

Fiquei apavorado naquele momento. O Caboclo falou ao meu ouvido:

– Não fique assim. Saiba que você está bem amparado. Basta que sua mente mantenha-se tranquila. Encare esta visita como um aprendizado, como se estivesse na escola.

Respirei fundo, tentei absorver a fala do Caboclo, mas, ainda assim, mantinha-me com medo.

Adentramos a caverna. Andamos alguns metros por entre serpentes que se enroscavam em nossas pernas. Aquele guardião, com sua bengala, ia tirando todas com uma habilidade invejável. Era como se as cobras respondessem ao movimento da sua bengala com naturalidade.

Em seguida, chegamos a um lugar onde pude avistar vários homens e mulheres com corpos deformados. Alguns caminhavam, outros rastejavam, mas percebi uma coisa comum entre todos: urravam e sofriam. Os gritos de dor, naquele lugar, eram quase que em uníssono.

Eu estava apavorado com aquilo tudo, era praticamente impossível, para mim, manter minha mente positivada frente àquele cenário de horrores.

Talvez por isso o Caboclo tenha mantido o tempo todo a sua machada de duas faces por sobre a minha cabeça.

O Preto-Velho olhou-me e disse:

– Meu filho, o senhor está aqui neste momento para ampliar seu raio de visão e compreensão. Aqui, neste lugar, habitam espíritos de irmãos desencarnados que por demais negativaram-se quando viviam no plano material da vida humana.

Olhei para ele e perguntei:

– Mas, meu senhor, o que eu tenho a ver com isso?

Ele emitiu um leve sorriso e falou:

– Meu filho, todos, quando encarnados, optaram pelo caminho da vaidade, da arrogância, do ego inflado e, em momento algum, ouviram o chamado de Deus em seus íntimos para o caminho do amor, da solidariedade, da caridade e da fraternidade para com seus irmãos.

Neste instante, o Guardião olhou-me nos olhos e falou:

– Eu ajudo todos os que aqui chegam, de alguma forma, meu rapaz, a sair daqui. Isso, claro, quando eles demonstram, lá no seu íntimo, que querem realmente a mudança. Mas também sou eu que os trago até aqui, assim que desencarnam.

Ainda me olhando nos olhos, soltou uma sonora gargalhada.

O Preto-Velho olhou para o Caboclo. Em seguida para o Guardião e disse:

– Ele já viu o que precisava. Vamos embora!

Num instante, estávamos novamente, no alto da montanha, eu, o Caboclo e o Preto-Velho.

Mal pude respirar e já ouvia o Preto-Velho dizer-me:

– Esta viagem, meu filho, está acontecendo para que o senhor passe a saber quem realmente é e qual o propósito desta sua atual encarnação.

O Caboclo disse:

– Você tem como missão auxiliar seus irmãos por meio da caridade.

Perguntei:

– Como farei isso?

O Preto-Velho disse:

– Há uma religião nova no Brasil. Essa religião chama-se Umbanda e se dedica à prática da caridade. É uma religião dos humildes para os humildes, meu filho. Será com ela que o senhor cumprirá sua missão.

Após este diálogo, acordei em minha cama sentindo-me cansado e respirando aceleradamente.

As viagens noturnas com o Preto-Velho e o Caboclo tornaram-se constantes durante algum tempo.

E foi nessas viagens que me aperfeiçoei espiritualmente, adquirindo a compreensão do que era necessário para o cumprimento da minha missão.

Um pouco antes de completar 40 anos, já a desenvolvia mediunicamente em uma Tenda de Umbanda para a qual o Preto-Velho encaminhou-me.

No decorrer da jornada, descobri que aquele Preto-Velho já acompanhava-me há muitas encarnações.

Em poucos anos, comecei a trabalhar em um espaço próprio, modesto, onde realizava os trabalhos de caridade aos sábados.

Muitos foram os chamados para que eu ampliasse os trabalhos, porém eu ainda não havia perdido completamente o medo de lidar com o mundo espiritual.

Acabei, após um tempo, ampliando os trabalhos, mas recuei por muitas vezes e titubeei por tantas outras quando recebia de meus guias as orientações para essas ampliações.

O que posso dizer aqui é que eu cumpri parte da minha missão espiritual, deixando a desejar em outra parte, pois parti para o outro lado da vida aos 63 anos trazendo para cá muitas pendências.

Hoje, habitando o mundo espiritual, tento compensar essas falhas trabalhando mais e mais, porém tenho a plena consciência de que só poderei resgatar esse tempo perdido quando novamente reencarnar.

Deixo este relato a todos os irmãos do plano material da vida humana, esperando que sirva para sua reflexão. Cumprir com as tarefas determinadas pelo Pai é sinal de tranquilidade e de uma continuidade bem mais saudável em nossa caminhada.

O meu Saravá a todos!

Relato enviado pelo espírito Luciano, ditado por Pai Thomé do Congo e anotado por André Cozta.

Onde Começa e Onde Acaba Uma Missão?

Estou aqui para contar um pouco da minha história de vida, no período em que estive encarnada, no Brasil, no século XX.

Eu era uma mulher de família abastada, acostumada com o conforto e todos os benefícios que o dinheiro proporciona.

Minha infância foi tranquila, estudei nas melhores escolas, tive uma boa formação.

Meus pais fizeram com que eu estudasse piano, francês e balé.

Porém, já na adolescência, comecei a sentir um vazio em meu íntimo.

Aos 17 anos (ao contrário de minhas amigas e colegas, que viviam, como eu considerava, anestesiadas no mundo das ilusões), eu queria encontrar respostas para tudo, contestava toda e qualquer ideia que surgisse.

Porém, apesar da rebeldia que aflorava, eu era uma jovem estudiosa e dedicada neste sentido, pois considerava que somente com o Conhecimento adquirido eu conseguiria uma boa colocação profissional e tranquilidade financeira.

Afinal, foi com essa intenção que meus pais investiram tanto na minha educação desde a infância.

Talvez tenha sido este o único ponto de concordância entre nós.

Minhas divergências, na verdade, não eram exatamente com meus pais e sim com a sua geração.

Para uma adolescente no Brasil, na metade do século XX, afirmo que não era nada fácil contestar o *status quo*. Mas, mesmo assim, essa postura me atraía, me embevecia.

Hoje, posso afirmar: minha rebeldia era muito mais fruto da minha solidão interior (ou da minha carência, como é costume ser dito pelas pessoas) do que por motivos realmente ideológicos.

Numa certa tarde de outono, eu caminhava em uma praça próxima à minha casa com uma amiga.

Ela disse-me:

– Se você fosse mais quieta, talvez vivesse mais feliz!

Eu, imediatamente, disse a ela:

– Se você acha que ser feliz é concordar com tudo o que está aí, afirmo que isso é estar bem longe da felicidade.

Ela sacudiu a cabeça negativamente, olhando-me com ar de piedade.

Cada vez mais, eu sentia dificuldades em me relacionar com minhas amigas e colegas. Sentia-me isolada, pois eram todas "anestesiadas e deslumbradas" com o que eu considerava futilidades do mundo.

Ficava imaginando um grupo de amigos ideal. Aquele no qual as pessoas pensassem como eu. Com certeza, no meu bairro ou por meio das amizades dos meus pais, eu não encontraria essas pessoas.

Aos 19 anos, fui aprovada no vestibular para a faculdade de Sociologia.

Ali começava, sem que eu soubesse, o meu declínio, disfarçado de felicidade.

Durante o curso, conheci muitas pessoas, mas uma em especial. Um jovem idealista que mexeu com meus sentimentos e meus sentidos.

Havia paquerado alguns rapazes na escola, mas todos eram muito diferentes de mim.

Esse colega de faculdade possuía tudo o que eu imaginava em um homem. Idealista, de personalidade forte. Tomava sempre a frente nas discussões políticas. Dificilmente era vencido em algum embate ideológico.

Com o passar do tempo, fui me fascinando mais com sua desenvoltura, até que, um certo dia, saímos para almoçar.

Começamos a namorar. Eu andava para cima e para baixo com ele. Tinha prazer em vê-lo atuando.

Convidou-me, certa vez, para uma reunião da qual ele participaria, mas recomendou:

– Mantenha segredo. Há de se ter muita discrição com relação a tudo o que ouvir. Ninguém pode saber o que acontece lá. É como se você não tivesse participado. Compreende?

Respondi confirmando que havia entendido tudo perfeitamente.

Participei da reunião. Achei estranho o fato de ele ser chamado por um outro nome por todos naquele ambiente.

Com o passar do tempo, soube que se tratava de um grupo político clandestino de esquerda.

Era início da década de 1950. Esse grupo reunia-se às escondidas, pois aquele tipo de reunião não era bem vista pelo Estado.

Nessas reuniões, tomavam-se decisões políticas sobre o rumo que aquele movimento seguiria. Tinha-se como base de atuação o movimento estudantil.

As reuniões, inicialmente, eram sempre regadas a bebidas alcoólicas. Especialmente whisky, bebida pela qual acabei me fascinando.

Após um certo tempo, passei a beber fora da reunião.

Não percebia que estava me tornando uma dependente química.

O tempo passou, eu me formei. Já não namorava mais aquele rapaz, que se mudou e foi trabalhar em outro estado.

Aos 27 anos, já formada há algum tempo, passei num concurso público para um órgão federal.

Fiquei muito feliz, pois o investimento de tantos anos, que objetivava me trazer conforto e tranquilidade financeira, concretizava-se naquele momento.

Realmente, eu não tinha do que me queixar. Porém, ainda assim, mantinha em meu íntimo a chama da rebeldia.

Questionava a tudo e todos no trabalho. É claro, ao contrário da adolescência, fazia isso com mais desenvoltura e bom humor.

Aos 30 anos, já tinha uma vida financeira estável e estabelecida. Era solteira, sonhava casar com um homem que me amasse, ter filhos... Queria realmente constituir família.

E, quando me deparava comigo mesma, em minha casa, bebia whisky e chorava a dor da minha solidão.

A socióloga rebelde e contestadora no dia a dia, tornava-se, à noite, uma criança solitária e vulnerável.

E o ponto crucial de toda a minha história de vida passou a ser o meu vício.

Eu já bebia, àquela altura da vida, descontroladamente.

Bastava não estar trabalhando para ter um copo de whisky ao lado.

Meu pai já havia falecido, mas minha mãe me procurava regularmente.

Mostrava-se preocupada comigo. Percebia que eu não estava bem. Aconselhava-me a procurar ajuda médica, mas, obviamente, eu não lhe dava ouvidos.

Comecei a ter alucinações. Via vultos à minha volta, no início, em minha casa.

Com o passar do tempo, passei a ver esses vultos na rua, no trabalho e em outros lugares.

Ouvia vozes dissonantes, conversas, como que em uma linha cruzada telefônica.

À noite, essa sensação de "companhia indesejada" aumentava e eu não conseguia mais dormir.

Fui perdendo qualidade de vida, pois tinha de cumprir horário no trabalho durante o dia e mal dormia à noite.

Comecei a tomar remédios. E, ao invés de melhorar, aumentei a quantidade de whisky que bebia.

Já havia perdido o controle do número de garrafas que ingeria por semana.

Estava tão perdida no vício que, quando convidada para ir a uma festa, levava minha garrafa de whisky, pois muitas vezes não encontrava nesses eventos aquele que eu gostava de beber.

Não conseguia manter as relações de amizade, que se esvaíam naturalmente.

Relações amorosas não passavam de meia dúzia de encontros.

E isso me agoniava muito. Eu não sabia, ou melhor, não conseguia enxergar o motivo de tudo estar acontecendo daquela forma.

Em uma manhã de sexta-feira, passei mal em pleno escritório. Desmaiei, fui levada às pressas por colegas para um hospital.

Fiquei em estado de coma por três dias.

Segundo os médicos, estava em coma em decorrência de ingestão de bebida alcoólica.

E, realmente, na noite anterior eu havia bebido demais e praticamente não havia dormido.

Fui levada para um quarto onde fiquei sozinha. Minha mãe e alguns parentes visitaram-me naquele dia.

À noite, logo após a saída da enfermeira, uma "médica" entrou no quarto.

Era uma bela mulher negra, aparentando ser sexagenária, gorda, vestia roupa branca, lenço branco na cabeça, tinha no pescoço um colar de pedras pretas e brancas.

Aproximou-se, olhou para mim, pegou em minha mão e disse:

– Como está se sentindo, minha filha?

– Estou bem, doutora!

Olhei bem para ela, mas não conseguia me lembrar de conhecê-la. Havia sido atendida, até então, somente por médicos. E perguntei:

– A senhora é a médica que faz plantão à noite?

Ela olhou-me, emitiu um leve e belo sorriso e disse-me:

– Eu trabalho a qualquer hora, minha filha. Na verdade, o tempo inteiro!

Fiquei intrigada com aquela resposta, mas estava tão cansada e tão sem forças que achei melhor não levar a conversa adiante.

Porém, ela colocou a mão em minha barriga e continuou falando comigo:

– Sente dor aqui, minha filha?

Fiquei ainda mais intrigada, porque nenhum médico que eu conhecia tinha o hábito de me chamar de "filha". E respondi:

– Sinto ainda um pouco, doutora! Mas o que mais sinto neste momento é enjoo.

Ela sacudiu a cabeça, olhando-me no fundo dos olhos, e disse:

– Olha, minha filha, estou aqui só para dar-lhe um conselho. Espero que entenda e acate.

Arregalei os olhos. Pensei: "Será que ela é psicóloga?".

Como se tivesse lido meu pensamento, ela respondeu:

– Isso não importa agora, minha filha! O que realmente importa é que a senhora precisa mudar de atitude para que sua vida tome um novo rumo, para que trilhe o caminho certo.

Fiquei olhando-a e escutando atentamente. Ela prosseguiu:

– O mundo lá fora, minha filha, apresenta muitas tentações. O oposto do que Deus quer dos Seus filhos, bate toda hora à sua porta, está na rua e em todos os lugares que você frequenta. Eu sei, minha filha, eu sei, é muito difícil resistir. Mas não é impossível! Se você tiver firmeza, mantiver sua mente positivada, conseguirá conectar-se com o Pai. E, conectando-se com ele, seguirá para onde deve ir. Tudo o que tem acontecido com você até hoje na verdade ocorre porque você não sabe lidar com a sua própria força.

Interrompi-a e perguntei:

– Como assim?

– Toda a sua sede de justiça, toda a sua vontade de mudar o mundo vêm de uma compreensão que você adquiriu ao longo da sua caminhada, de várias encarnações.

Arregalei os olhos. Aquela médica (ou psicóloga, já não sabia mais o que pensar) estava louca. Como poderia me falar uma aberração daquelas?

Eu considerava-me ateia. E vinha de uma família católica. Sempre ouvi dizer que "reencarnação" era coisa do demônio.

Como, então, aquela mulher entrava no quarto do hospital onde eu convalescia, para me dizer uma atrocidade daquela dimensão?

Sorrindo, mais uma vez, pegou em minha mão, olhou no fundo dos meus olhos e disse:

– Calma, filha, mantenha-se calma!

Passou a mão na minha testa, ainda me ollhando no fundo dos olhos e disse:

– Eu vou agora, durma tranquilamente. Voltaremos a nos falar outro dia.

Adormeci naquele instante.

Acordei na manhã seguinte, intrigada com o que havia acontecido.

À noite, perguntei sobre aquela médica à enfermeira, que me disse que não havia nenhuma médica ou enfermeira naquele hospital com aquelas características e que ninguém havia entrado em meu quarto na noite anterior após a sua última visita.

Tudo serviu para me deixar ainda mais preocupada e com medo. Afinal, o que teria acontecido naquela noite? Teria sido um sonho, uma alucinação? Essa resposta, levei algum tempo para encontrar.

Após 12 dias internada, recebi alta, porém deveria prosseguir com o tratamento médico.

Assim o fiz por três meses, porém, após este período, tive uma recaída e voltei a beber.

O whisky era, para mim, meu mais leal companheiro. Perguntava-me, àquela altura da vida, porque eu o havia abandonado.

E, para recuperar o tempo perdido, bebia vorazmente.

Uma certa noite, após beber muito, "caí dura" na cama. Acabei dormindo com a roupa que estava e de sapatos.

E sonhei, novamente, com aquela velha médica.
Estávamos à beira-mar.
Ela olhou-me e disse:
– Hoje, minha filha, vim apenas acompanhá-la até aqui.
Com a mão esquerda, empurrou-me para dentro d'água. Comecei a me afogar. Queria gritar, chamar por ela, pedir ajuda, mas estava morrendo afogada ali.
Acordei assustada, suando e ofegante.
Pensei: "Meu Deus, o que está acontecendo comigo?".
Chorei muito naquela noite. Não consegui dormir e, mais uma vez, trabalhei sentindo dores de cabeça e por todo o corpo.

Uma colega de trabalho disse-me que poderia ajudar a diminuir, ao menos, as tais dores.

E eu, àquela altura do campeonato, já estava aceitando qualquer tentativa sem pensar muito.

Disse que me levaria à uma "mulher ótima" que a havia ajudado a resolver problemas de família.

Pensei: "Mas o que uma mulher que resolve problemas de família pode fazer pelas minhas dores?".

Mas, achei melhor não fazer perguntas e aceitar a ajuda que me era oferecida.

Na semana seguinte, fomos à casa da tal mulher. Aceitou nos atender ao entardecer, logo após nosso expediente.

Era um bairro bem pobre, com casas bem modestas. A casa onde entramos era de madeira e já estava bem velha.

Uma menina, de aproximadamente 12 anos de idade, atendeu-nos e disse: – Vou chamar minha avó. Ela já vem atender.

E saiu saltitante da sala.

Em poucos minutos, uma senhora de aproximadamente 70 anos atendeu-nos.

Minha colega cumprimentou-a, apresentou-me, disse a ela que eu estava necessitando muito de ajuda e falou das minhas dores.

Aquela senhora olhou-me da cabeça aos pés e me convidou a acompanhá-la até outro cômodo da casa. Minha colega ficou lá naquela sala, aguardando-me.

O ambiente em que entramos era uma sala bem pequena. Possuía uma mesa ao centro, forrada por uma toalha branca de rendas, com um baralho, um copo d'água e uma vela apagada.

A senhora disse-me:
– Sente-se, filha!

No instante em que ela falou, não sei por que cargas d'água, lembrei-me da médica que conversou comigo no hospital e com a qual havia sonhado.

Sentei-me à frente dela, que acendeu uma vela, embaralhou suas cartas, colocou-as à mesa (sempre olhando-me no fundo dos olhos) e disse-me:
– Filha, com a mão direita, parta este bolo de cartas em três para a sua esquerda.

Não sabia direito o que estava acontecendo, mas algo dizia-me para seguir todas as orientações dela. E assim o fiz.

Ela começou a falar:
– Minha filha, a senhora precisa trabalhar a sua mediunidade.

Quase gritando, perguntei:
– O quê?

Ela disse:
– Mantenha-se calma, minha filha, mantenha-se calma!

Respirou fundo e prosseguiu:
– Há uma Preta-Velha que cuida muito bem de você, que acompanha você por toda a vida. Ela está falando aqui que você deve atentar para os sinais, que você deve ouvi-la.

Naquele momento, lembrei-me da "médica".
A mulher continuou:
– Sua Mãe Iemanjá está chamando você para o cumprimento da sua missão! Fique atenta e tenha cuidado! Minha filha, quando o Orixá de cabeça da gente chama, não devemos pensar duas vezes. Se assim você não fizer, saiba, a cobrança será grande!
Estava pasma, não sabia e não tinha o que falar.
Tudo o que ouvia naquele lugar ia contra tudo o que eu sempre acreditei.
Percebendo minha reação, ela disse:
– Olhe, minha filha, no seu lugar, eu arriaria logo uma oferenda para Iemanjá à beira-mar. Não tenho mais muito o que lhe dizer, apenas isto!
Fiquei pasma, sem saber como reagir. Agradeci àquela mulher, levantei-me e fui embora. Antes de chegar à porta, senti vontade de olhar para trás e, para meu espanto, quem estava sentada à cadeira não era mais a cartomante, e sim a Preta-Velha.
Acelerei o passo, passei pela sala, peguei minha colega pela mão, dizendo:
– Vamos embora deste lugar, pelo amor de Deus!
Na rua, paramos em uma lanchonete e conversamos.
Ela disse-me:
– Você precisa conscientizar-se de que o que aconteceu lá é real. Esta mulher é muito séria, trabalha muito bem. Se ela falou isso, acredite e siga as suas orientações. Eu fiz o que me foi recomendado e consegui resolver um problema de família que parecia não ter solução. Acredite!
Fui para casa intrigada, nervosa, agoniada. Não sabia o que pensar, não sabia o que fazer.

E, mais uma vez, fui ao encontro do que considerava minha companhia inseparável: o whisky.

Os dias foram passando, mas eu não conseguia tirar da minha cabeça aquele momento em frente àquela cartomante e as visões e sonhos que havia tido com a Preta-Velha.

Não parei de beber. Ao contrário, bebia cada vez mais.

Ao perceber que eu me afundava cada vez mais no vício, minha colega me convidou novamente para ir àquele lugar.

E eu, obviamente, neguei-me veementemente a voltar lá. Não iria em hipótese alguma.

Tentando me convencer, ela disse:

– Não tenha medo! Desta vez será diferente, eu garanto! Ela não vai jogar cartas, confie em mim!

Quando chegou o dia, estava tão "sem rumo" que acabei deixando-me levar por ela e, quando me dei por conta, lá estava novamente à porta daquela modesta casa.

Ao entrar, percebi um clima diferente. Havia bem mais pessoas do que da outra vez, algumas ficavam sentadas em bancos de madeira, concentradas, rezando, outras em pé, como que numa corrente, vestindo roupas brancas.

Minha colega olhou-me, com os olhos brilhando, emitindo um ar de satisfação e disse:

– Viu, está bem diferente daquele dia! Tenha fé e confiança!

Alguns minutos após nossa chegada, aquela senhora cartomante apareceu vestindo um belo vestido branco. Usava alguns colares de pedras no pescoço e um lenço branco cobrindo a cabeça.

Dirigiu-se até o altar improvisado naquela pequena e modesta casa.

Iniciava-se ali um ritual religioso. E eu, uma marxista convicta, não conseguia acreditar que havia parado ali, naquele instante.

Hoje, posso afirmar que aquele foi meu primeiro contato com a Umbanda, a religião que me mostrou o rumo que deveria seguir durante minha passagem pelo plano material da vida humana.

Naquele dia, consultei-me com a guia espiritual daquela cartomante.

Cabocla Janaína, simplesmente, passou minha vida a limpo em poucos minutos.

Falou-me coisas que só eu sabia, de sentimentos íntimos e me mostrou por que estava acontecendo tudo aquilo comigo.

Pude entender, a partir de então, que todos os meus anseios, todo o meu desejo de justiça, a vontade de mudar o mundo eram manifestações (que eu não sabia interpretar) da minha mediunidade, era a minha missão sinalizando-me o rumo a seguir.

Recomendou-me que fizesse uma oferenda à minha Mãe Iemanjá à beira-mar. E assim o fiz, em poucos dias, com o auxílio daquela senhora cartomante.

Após isto, passei a me desenvolver espiritualmente em seu terreiro e, em pouco tempo, já trabalhava como médium da casa.

Com o passar do tempo, casei-me, tive dois filhos e faleci aos 68 anos em função de complicações renais.

Consegui, graças à religião de Umbanda, livrar-me do vício, porém não consegui lidar com vários sentimentos negativos que eu manifestava muitas vezes.

Deixo aqui este depoimento, com o intuito de dizer aos irmãos umbandistas e não umbandistas que vivem no plano material da vida humana que o cumprimento de uma missão por meio de uma religião deve sempre estar acompanhado de um sentimento primordial para a vida: o Amor Divino.

Muitas vezes, o trabalhador umbandista deixa-se tomar pela vaidade e por sentimentos mesquinhos.

Hoje, do lado de cá da vida, afirmo: irmãos, agir assim é entrar no jogo das trevas.

Espero que meu humilde relato possa servir para a reflexão de muitos.

Salve a todos! Que o Pai Oxalá os abençoe!

Relato enviado pelo espírito Maria da Graça, ditado por Pai Thomé do Congo e anotado por André Cozta.

Fundamental na Religião é Conhecer e Compreender a Missão

Aos 6 anos de idade, tive uma visão.

Uma bela mulher negra, grávida, apareceu à minha frente, dizendo que cuidaria de mim, que eu não deveria me preocupar, pois meus caminhos seriam abertos e eu faria tudo o que havia sido determinado para aquela minha encarnação.

Apesar da pouca idade, estranhamente, entendi tudo o que ela disse e carreguei aquela mensagem em meu coração para o resto da vida.

Nunca falei para ninguém da minha família sobre aquela visão. Algo me dizia que, se eu falasse, poderia me prejudicar.

E, por conta desta intuição, mantive este segredo até um pouco antes da minha passagem para o lado espiritual da vida.

Eu vivia em uma cidade do interior. E, afirmo, naquela época, em meados dos anos de 1940, seria taxado como louco ou, pelo fato de ainda ser criança, seria encaminhado para tratamento psiquiátrico em algum hospital.

Fora esse evento, tive uma infância tranquila e normal. Nunca mais tive visões, até que, já adulto, trabalhando em uma loja de reformas de móveis em minha cidade, comecei a passar mal.

Dores de cabeça, enjoos, faltas de ar tornaram-se constantes. Em uma semana, fui para casa mais cedo, por conta destas indisposições, três vezes.

Eu não sabia o que acontecia. Fui ao médico de confiança da minha família, mas nada foi constatado.

Isso me preocupava ainda mais, pois, se eu tinha algo que nem os médicos diagnosticavam, achava que poderia ser algo incurável e, portanto, eu morreria.

Eu tinha planos para a minha vida, estava com 23 anos de idade e não queria morrer naquele momento.

Um certo dia, uma senhora muito simpática, que havia levado um móvel para reformar na loja onde eu trabalhava, sem saber nada da minha vida e o que se passava comigo, olhou-me e disse:

– Meu filho, se você for à cachoeira e tomar um bom banho, verá que tudo isso que está acontecendo com você passará.

Fiquei intrigado com o que disse aquela mulher. Aquela frase ficou martelando durante dias na minha cabeça.

No domingo, após o café da manhã, pensei: "Pois eu vou à cachoeira!".

Chegando lá, banhei-me. Aquela água trazia ao meu corpo uma leveza que eu nunca havia sentido anteriormente.

Na época, eu não sabia dos efeitos que a vibração mineral causava em meus corpos material e espiritual. E, mesmo assim, tornei constantes minhas visitas àquele ponto de forças da natureza.

No quinto domingo consecutivo, após banhar-me, eu saía pela beira do rio, quando, intuitivamente, olhei para trás.

E lá estava aquela bela mulher negra, grávida (a mesma que havia se comunicado comigo aos 6 anos de idade), com belos cabelos negros longos, segurando um espelho à mão direita.

Ela olhou-me, sorriu e falou mentalmente: "Eu disse, meu filho, que sempre cuidaria de você. E você veio até aqui para ser cuidado. Veja como a sua saúde já melhorou! Agora, prepare-se, seu Pai está chegando. Hoje ele vem somente para falar-lhe o que você precisa saber".

Eu estava pasmo, sem movimentos. Não sentia medo, mas, tudo aquilo era estranho demais para mim.

Em poucos instantes, surgiu, montado em um cavalo branco, um homem negro vestindo uma roupa azul escura, uma espada de ouro às costas.

O cavalo parou, flutuando sobre aquela cachoeira, ao lado daquela bela mulher.

Telepaticamente, o homem falou: "Agora, meu filho, os mistérios serão desvendados rapidamente. Você será encaminhado a uma casa que o orientará como agir para o prosseguimento da sua senda evolutiva. Você saberá quem somos e qual a nossa função em sua vida. Porém, o mais importante é que você tenha plena consciência de que Deus, nosso Pai, quer que você seja a ponte de passagem para a evolução de muitos dos seus irmãos encarnados".

Por um instante, achei que estava tendo uma alucinação, mas, imediatamente, fui tomado por uma certeza de que aquilo tudo que estava acontecendo (e que eu ainda não tinha compreensão plena do que se tratava) era real e carregava em si um propósito para o prosseguimento da minha vida dali em diante.

Era estranho, pois eu ainda não tinha noção da missão, da mediunidade e da religiosidade que eu possuía, mas, intuitivamente, concordava em seguir em frente.

Minha formação, como na maioria das famílias em minha cidade, à época, era católica. Porém, nunca fui o mais fiel praticante.

Ia à missa e comungava de vez em quando, mas, muitas vezes, priorizava outros compromissos.

Continuei indo àquela cachoeira aos domingos. E tudo corria normalmente, não tive visão alguma nas visitas posteriores àquele Santuário Natural.

Prossegui vivendo no mesmo ritmo. Trabalhava, aos finais de semana descansava, lia alguns livros que me interessavam. Gostava de ler romances policiais.

Minha vida era simples, taxada de monótona por alguns, mas eu gostava de levá-la daquele modo tranquilo.

Um certo dia, adentrou a loja uma bela moça. Tinha cabelos negros encaracolados, pele jambo, um sorriso iluminado e olhos negros exalando um brilho que tomava conta do ambiente.

Queria saber se vendíamos móveis usados. E, como eu era um funcionário com funções limitadas, chamei o gerente para atendê-la.

Assim que ele chegou, afastei-me. Ficaram conversando ao balcão por alguns minutos. E eu, mesmo à distância, não conseguia tirar os olhos daquela mulher. Sua beleza (especialmente a firmeza e o brilho do seu olhar) fascinava-me muito.

Naquela noite, custei a dormir, a imagem daquela bela moça não me saía da mente.

Após quatro dias, ela adentrou novamente a loja e lá estava eu no balcão.

Falou-me:

– Bom dia! Eu gostaria de falar com o gerente da loja. Ele pediu que voltasse aqui hoje, pois haveria a possibilidade de ele conseguir o que necessito.

– Ah, sim, senhorita, aguarde um minuto, vou chamá-lo.

Chamei-o. Ele foi imediatamente atendê-la.

Após pagar pelo utensílio, despediu-se dele, caminhou até a porta e, antes de sair, virou-se, olhou para mim sorrindo e disse:

– Até mais ver, moço!

– Até logo, senhorita!

Passei mais uma noite pensando naquele olhar e naquele sorriso e custei a dormir.

O tempo foi passando e eu fui levando minha vida naquela rotina que não me incomodava.

Nunca tive grandes ambições. Poderia ser considerado o tipo de homem acomodado.

Não fossem os eventos que me aconteceram no decorrer da vida, alguns dos quais relatarei aqui, eu teria levado tudo naquele ritmo até o último instante.

Dois meses após a última visita daquela bela moça à loja onde trabalhava, estava em uma sorveteria na praça principal do meu bairro, quando ela adentrou o recinto.

Fiquei olhando-a, admirado e visivelmente embasbacado.

Ela aproximou-se de mim e, sorrindo, cumprimentou-me:

– Como vai, moço?

– Muito bem, graças a Deus! E a senhorita?

– Na santa paz do Nosso Senhor!

– Que bom, senhorita!

– Aproveitando a tarde ensolarada no seu dia de folga?

– Sim, resolvi caminhar um pouco e então parei aqui para tomar um sorvete.

Venci a timidez e perguntei:

– A senhorita aceita um sorvete?
– Ah, aceito, sim! Muito obrigada!
Ficamos conversando por aproximadamente uma hora. Marcamos outros encontros, conhecemo-nos e nos enamoramos.

Três meses após o primeiro encontro na sorveteria, levou-me à sua casa a fim de que seu pai me conhecesse.

Ao chegar lá, percebi que, em um canto da sala onde recebiam as visitas, estava o pequeno móvel que havia comprado na loja, coberto por um pano alvíssimo. E sobre esse móvel estavam as imagens de São Jorge e Nossa Senhora Aparecida.

Olhar para aquelas imagens causou-me uma sensação de familiaridade. Ainda sem saber o real motivo, vinha-me à mente o tempo inteiro a visão que havia tido na cachoeira.

Após o jantar, conversava com seu pai (era filha única e morava somente com o pai, pois sua mãe já era falecida). Bebíamos um vinho tinto e ele me perguntou:

– Além de trabalhar, meu bom rapaz, o que mais você faz?

– Nada de mais, meu senhor. Nos dias de folga, eu passeio um pouco, leio alguns romances policiais. Nada de mais.

– Já está mais do que na hora de mudar isso, você não acha?

Estranhei aquele questionamento. O que ele estava querendo dizer? E, levemente incomodado, respondi:

– É, talvez o senhor tenha razão.

Ele olhou para a filha e disse:

– Meu mel (era assim que se referia sempre à sua única filha), traga-o aqui na sexta-feira próxima.

Ela sorriu, como se já soubesse que ouviria aquilo e disse:

– Pode deixar, papai!

Quando me despedia dela na porta, perguntei:

– O que acontecerá aqui na sexta próxima?
– Você saberá. Aliás, no fundo, você já sabe. No momento certo, ligará os pontos e entenderá.

A semana passou rapidamente. Na sexta, acordei com uma sensação de curiosidade que não me era comum.

À noite, cheguei à casa dela no horário combinado, 20 horas.

Ela recebeu-me na sala. Vestia um belo vestido branco, tinha a cabeça coberta por um pano também branco e carregava colares coloridos ao pescoço.

Achei aquilo estranho. Pensei até que estavam me convidando a participar de uma festa.

Passamos pela cozinha da casa e saímos para a parte dos fundos do quintal, onde havia um pequeno galpão de madeira.

Antes de lá entrar, pude perceber, por uma janela, que havia algumas velas acesas no recinto e acima de uma cômoda estavam algumas imagens, como a de Jesus Cristo, São Jerônimo, São Jorge, Nossa Senhora Aparecida e Santa Bárbara.

Entramos naquele ambiente. Além do meu futuro sogro e da minha namorada, havia mais quatro pessoas vestidas de branco, com panos brancos à cabeça.

Algumas pessoas aguardavam sentadas em bancos de madeira, do lado de fora do galpão, no espaço do quintal compreendido entre este e a casa da frente.

Achei estranho que meu sogro estava com um semblante diferente, assim como as outras quatro pessoas.

Havia uma senhora que auxiliava naqueles trabalhos, levando as pessoas que lá fora estavam para conversar com aquelas que lá dentro se encontravam vestidas com roupas brancas.

Minha amada levou-me imediatamente à frente do pai dela.

Eu estranhava o seu semblante, mas não tinha medo. Tinha a nítida sensação de que não era ele que estava ali.

Começou a conversar comigo e, aos poucos, comecei a ver, em seu lugar, um índio enorme, com ar sério, porém transmitindo em seu olhar muito amor.

Conversou comigo, disse que era o Caboclo 7 Montanhas. Disse também que eu estava ali, finalmente, a mando do meu Pai Ogum da Cachoeira, para saber tudo sobre o cumprimento da minha missão.

Soube que ali eu estava, pela primeira vez, num ritual de Umbanda, a religião pela qual eu cumpriria tal missão.

Emocionei-me durante o diálogo e chorei copiosamente.

Minha amada amparou-me e disse:

– Meu amor, a emoção que você sente neste momento é a emoção da descoberta, do encontro com o que há de mais puro dentro de você.

Após a conversa com aquele Caboclo, fiquei assistindo (segundo orientação dele) todo o ritual ali, no interior da Tenda.

Em um determinado momento, minha amada incorporou sua Cabocla, que também conversou comigo.

Saí daquela Sessão de Umbanda, naquele dia, extasiado, feliz, energizado, realizado, como nunca havia me sentido antes.

Ainda naquele ano, noivamos. Casamos em menos de dois anos.

Desenvolvi minha mediunidade na Tenda do meu sogro.

Após quatro anos casados, ele faleceu. Porém, já havia deixado determinado à sua filha e minha esposa que assumiríamos os trabalhos após a partida dele.

E assim fizemos.

Após algum tempo, mudamo-nos para um local maior e ampliamos os trabalhos.

Minha esposa trabalhava com seus guias, especialmente desfazendo magias negras.

Eu trabalhava com meu Preto-Velho em sessões de consulta e passes energizadores.

Porém, como citei anteriormente, nunca tomei iniciativas na vida para alavancar qualquer tipo de mudança.

Visto que, mesmo tendo as visões que tive, fiquei aguardando as coisas acontecerem e precisou aparecer uma mulher em minha vida que me desse o "empurrão" de que eu necessitava.

Certo dia, em um trabalho da casa, meu Preto-Velho chamou minha esposa e deixou o seguinte recado:

– Minha filha, diga ao meu cavalo que ele precisa abrir as orelhas para ouvir o que eu digo a ele. Se eu chamei a senhora aqui, agora, para falar, é porque ele não me ouve. Ele precisa ampliar os trabalhos. Esta casa não trabalha com cura e está criando um buraco que precisa ser tapado.

Ela, que rapidamente compreendeu o recado, transmitiu-o a mim.

Fiquei pensando em como poderia fazer isso e, mais uma vez, precisei que ela desse o "empurrão" de que eu necessitava.

Na sessão seguinte, após a "subida" do Preto-Velho, a Cabocla Guia da minha esposa aproximou-se de mim, pegou-me pelo braço e, em poucos segundos, eu dava passagem a um Caboclo, que até então eu não conhecia.

Ele falou a todos os presentes que, a partir daquele instante, estava instituído que aquela casa teria sessões de cura espiritual.

E assim foi feito. Abrimos mais um dia na semana para esse tipo de trabalho.

Eu e minha mulher trabalhamos juntos até o ano de 1982, quando ela faleceu.

Eu vivi mais oito anos após sua morte.
A passagem dela deixou-me muito triste e desiludido.
Prossegui com os trabalhos, mas diminuí o ritmo e, confesso, sentia-me perdido sem ela.

A nossa casa tinha médiuns trabalhadores, que me auxiliaram muito, mas ninguém preenchia a lacuna deixada pela minha esposa.

Após tantas décadas trabalhando na Umbanda, esta religião maravilhosa, visionária, não consegui ter a firmeza necessária para que os trabalhos fossem como deveriam ser.

E, infelizmente, tive esta visão somente após meu desencarne.

Se você perguntar-me o que eu faria se eu voltasse e tivesse uma nova chance, responderia sem titubear: eu estudaria.

Hoje, tenho a plena convicção de que com o estudo o médium umbandista amplia seus horizontes, ilumina a sua estrada de forma a enxergar o que há ao final dela.

Sim, porque, da forma que vi a Umbanda formar-se, percebi que, assim como eu, as pessoas tinham medo do que viria pela frente, pois não conseguiam enxergar os próximos passos do seu trabalho espiritual.

E é por isso que afirmo àqueles que hoje estão encarnados com suas missões a serem cumpridas na Umbanda, que estudem, busquem o conhecimento e o apliquem em seus trabalhos espirituais e, fundamentalmente, em suas vidas.

Que todos sejam abençoados por Oxalá!
Saravá!

Relato enviado pelo espírito Jurandir, ditado por Pai Thomé do Congo e anotado por André Cozta.

Não Encontrei a Plenitude

Sempre que eu passava em frente àquela casa, ficava curiosa, ouvia o som dos atabaques e aquilo me atraía muito.

Eu era uma mulher de 42 anos de idade, casada, mãe de três filhos, dois já em fase adulta e um adolescente.

Meu marido era médico, trabalhava em duas clínicas e, como se dizia à época, "suava a camisa" para que mantivéssemos um padrão de vida digno.

O que vou relatar a partir de agora, aconteceu no ano de 1972.

Como eu ia dizendo, sempre que passava em frente àquela casa, sentia-me atraída pelo som dos atabaques.

Mas receava entrar lá, pois cresci em uma família cristã ortodoxa. Meu marido dizia-se católico, mas não era praticante. Porém, eu achava que se ele soubesse que eu havia entrado num lugar como aquele, me xingaria muito.

Ele era um bom marido, mas, em muitas oportunidades, por demais temperamental.

Quando "explodia", eu silenciava e abaixava a cabeça para evitar maiores problemas.

Achava que assim seria melhor, pois, se sustentasse a discussão, as coisas poderiam caminhar por uma estrada que eu não queria.

Eu tremia só de pensar na possibilidade de me tornar uma mulher desquitada.

Passei em frente àquele terreiro muitas vezes. Era caminho para o supermercado onde eu comprava mantimentos para o nosso lar.

Após muito tempo, muito tempo mesmo, numa tarde de sábado, criei coragem e entrei naquela casa.

Era uma tenda linda.

Num primeiro momento, estranhei muitas coisas, mas as imagens dos santos católicos foram, para mim, uma surpresa positiva.

Aqueles santos no altar desconstruíam completamente a imagem negativa que meu marido, meus familiares e amigos sempre me passaram com relação à Religião de Umbanda Sagrada.

Era uma festa de Iemanjá.

Achei tudo lindo, até que, num determinado momento, uma médium incorporada da sua Iemanjá puxou-me pela mão e levou-me para o centro do terreiro.

Senti uma tontura e, quando dei por mim, já não controlava mais meus movimentos. Dançava involuntariamente. Soltava os braços, elevava-os por sobre a minha cabeça e movimentava as mãos como se estivesse emanando energias para as pessoas que assistiam àquele ritual.

Hoje, sei que estava incorporada da Minha Orixá de Frente, a Minha Mãe Iemanjá.

Após aquilo tudo, dei um salto para trás. Uma senhora de aproximadamente 60 anos, às minhas costas, amparou-me para que eu não caísse.

Virei-me para ela, ainda um pouco tonta, ela assoprou meus dois ouvidos, segurou-me firme nas duas mãos, olhou-me nos olhos e perguntou:

– Você está bem, filha?
– Estou, sim, senhora!
– Então aguarde lá naquele canto um minutinho que a Mãe da casa já vai falar com a senhora.

Apontou para um pequeno banco de madeira que estava situado em um canto daquele salão, porém ainda dentro do espaço onde os médiuns trabalhavam.

Sem entender o que estava acontecendo, resolvi seguir minha intuição e lá fiquei aguardando.

Após algum tempo, a mesma senhora dirigiu-se a mim, pegou-me pela mão e levou-me até uma poltrona, ao lado do altar, onde estava sentada uma senhora de cabelos grisalhos, com um lenço branco à cabeça e várias guias penduradas ao pescoço.

Ela estava incorporada de uma Preta-Velha, que me recebeu sorridente, dizendo:

– Bem-vinda, minha filha! Até que enfim você veio, né?

Eu não sabia o que responder e apenas sacudi a cabeça afirmativamente.

Durante aproximadamente meia hora, aquela Preta-Velha conversou comigo, falou-me sobre minha relação com a Mãe Iemanjá e disse que minha missão estava traçada.

Preocupada, expliquei a ela a situação da minha família, marido e amigos. Ela disse para eu não me preocupar, pois, tudo andaria dentro dos conformes. Tudo seria do jeito que o Pai Oxalá escreveu.

E, mesmo aquela situação sendo ainda nova e estranha para mim, eu confiava plenamente em tudo o que aquela Preta-Velha me falava.

Saí daquele terreiro extasiada, realizada, porém, com o passar do tempo, fui ficando preocupada.

Questionava-me: "Como vou lidar com isso? E meu marido? Meus familiares e amigos?".

Eu estava muito preocupada, porém não podia negar que estava achando aquilo tudo fascinante.

Eu, finalmente, após 42 anos de vida, havia me encontrado.

Declaro a você, umbandista, que muitas vezes vejo as pessoas desperdiçarem suas missões por nada.

Não faça isso, em hipótese alguma!

Prosseguindo com meu relato, acabei frequentando aquele terreiro. Ia lá semanalmente.

Em poucos meses, fui chamada para fazer parte da corrente mediúnica.

Confesso que senti um frio no estômago quando a Preta-Velha falou comigo. Mas eu queria e estava determinada.

Àquela altura, meu marido já sabia que eu frequentava a casa. Vivia contrariado com isso, mas nada fazia para impedir. Porém, ele tinha-me na conta de praticante de uma religião estranha. Como reagiria ao saber que eu me tornaria uma médium umbandista?

Não foi nada fácil convencê-lo.

Eu já não me importava mais com o que pensariam familiares e amigos, mas o que meu marido pensaria, diria e como agiria era fundamental e muito importante para mim.

Eu amava-o muito, queria viver sempre em paz com ele. Mas, por outro lado, minha missão chamava-me e eu não podia dar as costas a ela.

O que fazer?

Talvez essa tenha sido a encruzilhada mais difícil durante minha permanência no planto material da vida.

Pois digo: foi uma conversa dificílima. Ele irritou-se, gritou muito, deu socos na mesa. Disse que, em hipótese alguma, a esposa dele se meteria com bruxaria, com feitiçaria. Falou que já deveria ter me impedido de frequentar aquele lugar. E ainda cuspiu uma série de impropérios que não cabem aqui.

Porém, olhando-me nos olhos, sentiu minha tristeza com aquela situação, por vê-lo daquela forma, manifestando sua ignorância, mas determinada a seguir em frente no cumprimento da minha missão.

Minha última frase para ele foi:

– Meu bem, espero que escute apenas uma coisa: eu nunca me senti tão feliz e tão realizada em toda a minha vida! Encontrei-me nesta religião e quero seguir em frente. Vamos lá comigo! Você vai ver, não é nada disso que falam!

Ele esbravejou, deus socos na mesa e disse que jamais colocaria os pés lá. E me fez jurar que eu não contaria a ninguém que frequentava aquele lugar.

Cometi um erro ao concordar com ele, mas assim o fiz. Eu queria encerrar aquela discussão e achei melhor ceder nesse ponto.

Passei a fazer parte da corrente mediúnica da casa. Cambonava as entidades nas sessões de passe e consulta, distribuía fichas também.

A Preta-Velha dirigente da casa era muito procurada, pois era considerada "mandingueira". Desmanchava trabalhos de magia negra com ervas, água e velas.

Aprendi muito cambonando a ela e a outras entidades daquela casa.

Após cinco meses, tive minha primeira manifestação mediúnica de um guia espiritual. Anteriormente, somente da minha Mãe Iemanjá, quando cantavam para ela.

Minha Guia Espiritual, uma Cabocla de Iemanjá, começou a trabalhar. Em pouco tempo, já dava passes nos consulentes que aguardavam a consulta com a Preta-Velha.

Logo em seguida, passei a dar passagem também à minha Pombagira. E foi a partir desse momento que comecei a me sentir mais mulher. Não no sentido "sexual" da palavra, mas sentia-me mais forte e determinada para tomar as rédeas da minha vida.

Amava meu marido, mas, com o passar do tempo, ele tornava-se cada vez mais distante de mim. Comecei, inclusive, a desconfiar de que ele tinha outra mulher.

Um certo dia, chegou em casa esbravejando. Disse-me que a esposa de um paciente dele que era militar, havia visto-me entrando naquela casa de feitiçaria.

Estava preocupado com o seu nome, seu status. Vivíamos em plena ditadura militar e a Umbanda era uma religião mal vista por algumas pessoas.

Porém, naquele dia, fui firme como nunca antes e disse a ele que, ou ele me aceitava com a minha religião ou não haveria mais jeito de termos uma boa convivência.

Ele silenciou, olhou-me nos olhos. Na verdade, nunca imaginou que um dia ouviria aquilo de mim.

E disse:

– Então, se assim você quer, assim será.

Deu as costas e foi para o quarto.

No dia seguinte, durante o café da manhã, mal falou com os meninos, sentou-se, olhou-me e disse:

– Pela última vez, peço-lhe, não vá mais àquele lugar de bruxarias.

– Não é um lugar de bruxarias, é um templo religioso, onde me conecto com Deus – olhei firme nos olhos dele e disse: É a minha religião!

Não tomou café, levantou-se e, sem falar mais nada, foi para o trabalho.

À noite, chamou-me no quarto e disse que estava indo embora de casa.

Chorei muito naquela noite. Estava muito triste. Eu amava muito o meu marido, mas como poderia escolher entre duas coisas fundamentais para mim: ele ou minha religião?

Ele cobrava-me esta escolha, minha religião não.

Com o coração partido, deixei tudo acontecer naturalmente. Não insisti para que ficasse, deixei que partisse. E assim ele fez.

Não posso negar que passei a viver amargurada. Eu era uma mulher realizada pela metade. Preenchia-me espiritualmente na Umbanda, a minha religião, mas não tinha mais ao meu lado o amor da minha vida. E nunca mais tive, até ele procurar-me novamente, 16 anos depois.

Era o ano de 1989.

Obviamente, durante esse período, tivemos contato por conta de nossos filhos, mas nada além disso, ou encontros em aniversários dos meninos.

Ele casou-se novamente, teve uma filha, porém separou-se em seguida. E daí em diante, nunca mais se casou.

Quando procurou-me, estava à beira do desespero.

Já era um sexagenário. Chorando, disse-me:

– Estou com câncer, ajude-me!

Ele era médico e não estava conseguindo encontrar uma saída para o seu problema de saúde.

Fazendo de conta que não estava entendendo e querendo ouvir dele o que estava desejando, disse:

– Como assim, você é médico, como posso eu ajudar um médico a resolver o seu problema de saúde?

– Eu quero que você me leve à casa espírita onde você trabalha! Estou desesperado!

Chorava copiosamente.

Naquela época, eu já trabalhava em outra casa. A dirigente da casa que me acolheu, no início da década de 1970, já havia falecido, a casa havia fechado.

Concordei em ajudá-lo. Levei-o à casa. Ele se consultou com o Preto-Velho dirigente do terreiro, que trabalhava com cura e, em seguida, com minha Cabocla.

As suas idas à casa amenizaram o seu sofrimento, fez até algumas cirurgias astrais recomendadas pelo Preto-Velho, mas sua doença, quando detectada, já estava em estado avançado e ele acabou falecendo em poucos meses.

Fiquei muito abalada, pois, além de ser o pai dos meus filhos, ele era o amor da minha vida e o único homem que tive.

Vivi por mais 12 anos. Fiz minha passagem em 2002.

Durante esse período, compreendido entre a passagem dele e a minha, tive muitos sonhos com ele. Não eram sonhos bons. Sentia sua presença, que trazia um peso ao meu corpo espiritual e ao material também.

O Preto-Velho dirigente do terreiro onde eu trabalhava por várias vezes recomendou-me trabalhos para que ele fosse encaminhado à luz, não me perturbando mais e encontrando o seu caminho.

O Exu Guardião dirigente da casa também ofereceu seus préstimos, mas, no fundo, eu não queria.

Banhada em ignorância, achava que estava o ajudando mantendo-o próximo a mim.

E hoje sei que não o ajudei e me prejudiquei, porque o trabalho que eu deveria fazer como médium não foi tão bom quanto deveria.

Hoje sei que o verdadeiro amor liberta. O que eu sentia naquele momento era egoísmo e mágoa pelo fato de ele ter me abandonado.

Nos meus últimos três anos de vida, diminuí a frequência do meu trabalho mediúnico, fazendo-o uma ou duas vezes por mês, em vez de semanalmente, como era de praxe na casa onde eu trabalhava.

Espero que este meu relato sirva de alerta aos médiuns umbandistas.

Conectem-se com seus Orixás e Guias Espirituais.

Deus nos dá uma missão e espera que a cumpramos integralmente. Assim deve ser, para que sigamos bem em nossa estrada evolutiva.

Agradecendo ao Pai Oxalá, despeço-me!

Salve a todos os Orixás!

Relato enviado pelo espírito Abigail, ditado por Pai Thomé do Congo e anotado por André Cozta.

Humildade: Ingrediente Fundamental

Durante muito tempo, eu achei que trilhava o melhor caminho.

Realmente, eu trilhava um bom caminho, mas poderia ter tornado minha última encarnação mais proveitosa.

Fui médium umbandista e dirigente espiritual nesta belíssima religião, no Brasil, na segunda metade do século XX.

Dividia minha vida entre o trabalho como funcionário público e minha missão na Religião de Umbanda Sagrada, na qual trabalhei durante 37 anos em prol da caridade

Quando fiz minha passagem para o plano espiritual da vida, no final do século XX, passei rapidamente a compreender os pontos os quais havia negligenciado.

Apesar de tudo, fiz da prática da caridade em prol dos irmãos encarnados condição guia da minha vida. E isso me ajudou bastante após minha passagem, inclusive numa compreensão mais clara do todo.

Há alguns pontos que relatarei aqui, que considero importantes para que você, umbandista, possa compreender que, muitas vezes, cometemos falhas tão "minúsculas" que não percebemos e as consideramos corriqueiras.

Sempre fui muito ético e cuidadoso em tudo na minha vida. E na minha prática religiosa não foi diferente.

Quando iniciei meu desenvolvimento no Centro de Umbanda Pai Thomé, era o ano de 1954.

Ao lado da minha primeira esposa, procurava uma casa para que ela trabalhasse espiritualmente e para que eu iniciasse o meu desenvolvimento (eu era mais jovem do que ela e estava "ouvindo" o chamado da Umbanda por meio do meu Guia Espiritual naquele momento da vida).

E foi na Casa do Senhor Pai Thomé do Congo onde encontramos esse amparo espiritual.

Após alguns anos, minha esposa faleceu.

Casei-me novamente com aquela que seria minha esposa até o fim da minha encarnação e mãe dos meus três filhos.

Já em nossa primeira casa, onde vivemos até os primeiros meses de vida do nosso filho primogênito, eu construí um pequeno congá onde trabalhava espiritualmente com meu Preto-Velho e Guia Espiritual.

Logo após o nascimento do nosso primeiro filho, mudamo-nos para uma casa maior onde construí, mais tarde, o terreiro para os trabalhos umbandistas, nos fundos daquele terreno.

Naquela casa vivemos pouco mais de uma década e, durante boa parte desse tempo, mantive o trabalho de Umbanda.

Trabalhava com meu Preto-Velho e Guia Espiritual e havia mais alguns médiuns que me auxiliavam também, trabalhando com seus Guias Espirituais (Caboclos e Pretos-Velhos).

Após alguns anos, recebi a sinalização de meu Guia Espiritual de que deveria construir uma casa maior para ampliar os trabalhos em um terreno de minha propriedade.

Iniciei a construção da casa, mas nunca cheguei a concluí-la.

Eu mantinha tudo no terreiro praticamente sozinho. Não possuía auxílio algum, e tudo acabava saindo do meu salário de funcionário público e de alguns serviços extras que eu fazia nas horas vagas.

Para manter essa estrutura, trabalhava muito.

Então, passei a realizar o trabalho espiritual na minha casa, para algumas pessoas que necessitavam de auxílio. Algumas vezes, o trabalho era realizado somente para minha esposa e filhos.

O que eu não percebia naquele momento da vida era que eu estava limitando os trabalhos, quando deveria ampliá-los. Se surgiram dificuldades, eu deveria ter usado da criatividade que me era enviada pela Senhora Mãe Iemanjá e gerado uma alternativa que fizesse com que o trabalho que me fora incumbido chegasse a mais pessoas.

De qualquer modo, eu mantinha os trabalhos por meio da doutrina para muitas pessoas do meu convívio.

Auxiliei muita gente, além do trabalho mediúnico da incorporação, por meio da doutrina (como já citei) e de palavras de conforto, alento e esperança.

Saiba você, umbandista, que a prática da religião ocorre no dia a dia, a cada momento da sua vida. Quando você auxilia alguém, com palavras que ajudam seus irmãos ou irmãs a se positivarem, está trabalhando como instrumento Divino e, portanto, praticando sua religião.

Assoberbado pelo trabalho e a necessidade do meu sustento e da minha família, vi nessa dificuldade também um empecilho para a ampliação dos trabalhos espirituais.

Não consegui, quando encarnado, compreender muitas vezes as situações que eram colocadas à minha frente como provas à minha "resistência".

Nessas ocasiões, eu era testado por Deus, para que ele, os Divinos Orixás e os Mestres Espirituais da Umbanda, soubessem até onde eu teria "fôlego".

Em muitas ocasiões, consegui compreender e absorver as lições desses momentos, em outras não.

As tentações da carne foram, em alguns momentos, agentes bloqueadores da minha conexão espiritual.

Conduzido, algumas vezes, pelo fascínio dessas tentações, acabei deixando alguns "buracos" em meu caminho nessa última encarnação.

Porém, saiba que a Justiça Divina põe tudo, exatamente tudo, na balança. Nada escapa!

E a minha compreensão, adquirida nessa encarnação por meio do conhecimento, foi minha maior aliada após minha chegada ao plano espiritual.

Eu diria, até, que foi minha salvação!

E registro aqui, umbandista: o estudo é primordial para um desenvolvimento espiritual pleno e satisfatório. Esteja você encarnado ou não, prossiga estudando e fazendo do conhecimento a sua tábua de libertação.

É este o principal objetivo deste meu breve e humilde relato. Mostrar a você, umbandista, que o conhecimento adquirido com a leitura e o estudo ampliará seus horizontes e fará com que você trabalhe melhor e de forma mais livre.

Além disso, há um ingrediente fundamental: a humildade. Especialmente, na hora de avaliar as falhas no percurso e as limitações.

Com este ingrediente, garanto, superará a maior parte das dificuldades, trabalhando plenamente e de modo satisfatório.

A negatividade sabe como nos seduzir. Cabe a nós, médiuns umbandistas, usando da sabedoria, não cedermos aos seus chamados.

Espero ter contribuído com meu relato.

Que Pai Oxalá abençoe a todos os irmãos encarnados!

Saravá, Umbanda!

Relato enviado pelo espírito Batista, ditado por Pai Thomé do Congo e anotado por André Cozta.

Vaidade, uma Armadilha para o Médium

Eu era uma mulher vaidosa. Porém, em contraponto a essa vaidade, sentia prazer em auxiliar as pessoas. Realizava-me em saber que havia contribuído um pouco, ao menos, para a evolução de alguém.

Sentia a necessidade de "contar vitórias', relatar às pessoas os meus feitos no trabalho que realizava como médium umbandista.

Tudo isso ocorreu na década de 1960, no Brasil.

Era uma mulher bem casada, mãe de uma filha apenas.

Meu casamento não apresentava grandes problemas, a não ser os pequenos estresses do dia a dia.

Vivia bem com meu marido, amava-o e tinha satisfação e orgulho da minha filha, já adolescente naquela época.

Aproximei-me da Umbanda porque me senti fascinada por esta religião.

Oriunda de uma família espírita, conheci esta maravilhosa religião a convite de uma amiga que me chamou e me levou para conhecer o Templo que frequentava.

Já no primeiro contato, senti algo muito forte.

Encontrei, naquele dia, naquele ambiente, sensações maravilhosas, que nunca poderia imaginar que uma religião pudesse me proporcionar.

Continuei, porém, frequentando o centro espírita, especialmente nas sessões de mesa.

Mas, sempre que convidada por minha amiga, a acompanhava até seu templo umbandista.

Ela atuava cambonando as entidades da casa.

O dirigente daquele terreiro, um senhor muito simpático, de aproximadamente 60 anos, cabelos brancos, rapidamente simpatizou comigo e sempre parava para conversar, antes de iniciarem os trabalhos.

Um certo dia, disse-me:

– Minha filha, em breve você estará lá dentro, trabalhando!

E apontou para dentro do terreiro.

Sentada na assistência, após o início dos trabalhos naquele dia, fiquei pensando no que ele dissera. Não conseguia tirar suas palavras da minha cabeça.

Aquilo havia me tocado profundamente.

Nem mesmo no centro espírita, quando o dirigente detectou minha mediunidade e me chamou para fazer parte da mesa, senti o que sentia naquele momento.

Aos 38 anos de idade, eu começava ali, sentada em um banco de madeira, o processo de revolução religiosa que mudou a minha vida.

Aproximadamente 50 dias após aquela conversa com o dirigente da casa, eu era apresentada no Templo Umbandista como a mais nova filha de fé.

Para que haja uma melhor compreensão, vou tentar descrever como era e funcionava aquela casa: era uma casa de madeira, de dois cômodos, que se situava aos fundos da casa onde morava o dirigente. Num dos cômodos ficava a assistência, e no outro, os médiuns e todos que faziam parte da corrente da casa.

Cambonava as entidades, auxiliava em tudo o que era necessário.

Havia sessões de consulta, algumas somente de passe, irradiação e energização e, eventualmente, conforme a necessidade, sessões fechadas de descarrego e desobsessão.

Na primeira oportunidade em que acompanhei uma sessão de descarrego e desobsessão, tive vontade de sair correndo e não voltar nunca mais.

Por mais que eu já estivesse acostumada com as sessões de mesa do centro espírita que eu frequentara anteriormente, onde se manifestavam os mais diversos espíritos, desde espíritos de luz até os mais baixos obsessores, ali, naquela sessão umbandista, as coisas pareciam mais "pesadas".

Mas algo dizia ao meu ouvido para que não saísse dali, para que perdesse o medo, acompanhasse os trabalhos e aprendesse, pois, em pouco tempo, eu trabalharia auxiliando meus irmãos daquela forma.

Mantinha-me firme.

Em pouco tempo, passei a compreender que o que eu considerava "pesado", na verdade, era a forma que a Umbanda encontrava de resolver os problemas espirituais, tanto dos encarnados quanto dos desencarnados.

Hoje, posso dizer que a Umbanda nada mais é do que uma religião que atua dentro dos limites e dos ditames da Lei Maior e da Justiça Divina.

A Umbanda é uma agente destes poderes divinos.

Após seis meses cambonando, comecei a sentir bem mais forte e com frequência a presença dos meus guias espirituais.

A primeira incorporação que tive, numa determinada sessão, foi da minha Mãe Iansã.

Naquele dia, após a incorporação, sentia-me como se um vendaval tivesse levado "um pedaço de mim" embora. Porém, sentia-me bem mais leve.

Após isso, as incorporações da minha Orixá de Frente tornaram-se frequentes e, em pouco tempo, já dava passagem a meus guias espirituais.

Não demorou para que minha Pombagira se manifestasse, assim como também os guias da direita, comandados pela Senhora Preta-Velha que me guiava espiritualmente.

No ano seguinte, no fim de uma sessão, antes de encerrar os trabalhos, o Preto-Velho dirigente da casa disse que tinha ainda uma coisa a fazer e me chamou.

Disse-me que era hora de começar a trabalhar nas sessões de passe, dando passagem aos meus guias.

E assim ocorreu. Na semana seguinte, minha Preta-Velha trabalhou dando passes. Usava água, arruda e uma cruz de madeira.

Começar a trabalhar dando passagem a meus guias nas sessões de passe e energização foi um acelerador do meu desnvolvimento mediúnico.

Não mais do que três meses foram necessários para que o Preto-Velho, dirigente da casa, chamasse-me novamente e me comunicasse que eu passaria a trabalhar dando passagem a meus guias nas sessões de descarrego e desobsessão.

Senti um frio na barriga naquele momento.

Porém, não titubeei e passei a trabalhar também naquelas sessões.

Daí em diante, comecei a me sentir mais forte.

Um dia, o Preto-Velho dirigente da casa chamou-me, conversou comigo sobre algumas coisas da minha vida, sobre o próprio templo e, ao final, disse:

– Minha filha, para que o trabalho de um médium seja satisfatório, duradouro e semeador, há de se manter erguida a bandeira da humildade.
Ele sabia por que me dizia aquilo. Porém, eu, já bastante tomada pela vaidade, achava que ele estava falando do "mundo inteiro", menos de mim. E sacudi a cabeça afirmativamente, sorrindo para ele, concordando e achando, lá no meu íntimo, um absurdo que um médium umbandista fosse vaidoso.
Só que eu não olhava para o meu interior e não via que eu estava começando a me perder.
Convidava pessoas para irem às sessões, dizendo sempre que a casa era ótima e que se sentiriam muito bem lá, que a energia do lugar ajudava a elevar a vibração de quem lá estava.
E, realmente, tudo isso era verdade.
Mas o meu verdadeiro intuito, ao convidar as pessoas, era de que elas "assistissem-me" atuando, como se eu fosse uma atriz que as convidava a assistir à minha peça de teatro.
Quando eu fui chamada pelo Preto-Velho dirigente da casa e fui informada de que estava na hora de dar passagem aos meus guias nas sessões de consulta, na hora, pensei: "Puxa, até que enfim! Com tudo o que estou fazendo, demorou para me chamarem às consultas!".
Imediatamente, ele repreendeu-me, dizendo:
– Minha filha, tenha cuidado com seus pensamentos e sentimentos. A senhora tem uma missão a cumprir. Missão esta que é ser instrumento dos seus Pretos-Velhos, Caboclos e Povo de Rua, para a prática da caridade. A nossa Umbanda, minha filha, é isto: caridade pura!
Sorri para o Preto-Velho, pedi licença, retirei-me.
Mas não dei ouvidos ao que ele me dissera.
Continuei deixando-me tomar pela vaidade.

No discurso, da boca para fora, falava para todos sobre humildade.

Aliás, "humildade" era a palavra que, durante os trabalhos umbandistas, eu mais citava nas conversas com as pessoas e a que eu menos praticava internamente.

Com o passar do tempo, fui ficando cada vez mais envolvida com as atividades daquela casa.

Bastava ter uma sessão (de passe e energização, consulta ou descarrego e desobsessão), uma festa em homenagem a algum Orixá ou falanges de guias espirituais, e lá estava eu trabalhando, desde cedo, na organização de tudo e durante os trabalhos, mediunicamente.

Porém, toda a minha dedicação pela casa e pela Religião Umbandista traduziam-se dentro de mim na forma da vaidade.

Sentia-me a mais importante de todas as pessoas da casa.

E esse sentimento não demorou muito a aflorar nos trabalhos.

Quando o dirigente da casa adoeceu seriamente, eu já estava havia oito anos na casa.

Ele acabou falecendo e sua filha assumiu a direção dos trabalhos.

Fiquei enciumada, pois achava que ela não tinha condições de assumir aquela função ou, melhor dizendo, que tinha bem menos condições do que eu.

Então, iniciei uma disputa velada com ela.

Alimentei fofocas, passei a "contar vantagem" para minhas irmãs e irmãos de fé.

Cheguei a inventar que tinha sonhos que me revelavam sobre o futuro "negro" da casa nas mãos dela.

Alguns davam-me ouvidos, outros não.

Àquela altura, a corrente da casa já não possuía mais tantos médiuns como outrora.

A passagem para o plano espiritual do dirigente fundador afastou muitos frequentadores que mantinham nele uma enorme confiança e em seus guias, especialmente no Preto-Velho Chefe daquele templo.

Eu achava e "cantava aos quatro ventos" que aquela queda brusca no número de frequentadores e até de trabalhadores devia-se à incompetência da nova dirigente em conduzir a casa e os trabalhos.

E, infelizmente, nunca percebi que eu tinha uma boa parcela de contribuição para que aquela queda acontecesse.

Exatamente porque eu já não trabalhava mais tão bem como em outros momentos.

Tomada pela vaidade, fui afastando meus guias de mim.

Pois é exatamente nesse momento que vamos bloqueando nossas ligações com nossos guias espirituais. A conexão fica mais difícil. Imagine você, no alto de uma montanha, tentando sintonizar seu rádio de pilha que, na sua casa, funcionava perfeitamente. Só que você não percebeu que saiu de casa para muito longe.

Era exatamente assim que eu me sentia, mas minha vaidade não permitia que eu reconhecesse essas falhas, minhas limitações e que procurasse reverter essa situação, buscando o caminho da humildade.

Procurava fortalecer-me na vaidade; aquilo que achava que estava sendo o meu combustível, meu abastecimento espiritual, era, na verdade, o poço no qual eu me afundava cada vez mais.

A situação chegou a um ponto em que pouquíssimas pessoas procuravam-me durante os trabalhos, para consultar-se com meus guias.

O trabalho em que eu ainda atuava bem era o de descarrego e desobsessão, pois a pessoa atendida não escolhia quem ia trabalhar. Colocava-se ali apenas de coração, e aguardava ser auxiliada pelos trabalhadores da casa.

Entretanto, até nas sessões de passe, pouquíssimas pessoas me procuravam para passe e energização com meus guias.

Minha maior aliada naquele momento, a vaidade, fez com que eu saísse daquele templo umbandista alegando o seguinte motivo: "A casa não reúne mais condições para um bom trabalho, não é mais a boa casa de outrora".

Então, eu saí da casa, porque estava convencida de que deveria cumprir minha missão fora dali.

Conheci outra casa. Frequentei-a como assistente durante pouco tempo, pois, rapidamente, fui chamada a fazer parte da corrente.

Tão rápida quanto a minha entrada, foi a minha saída daquele terreiro. Não consegui perceber que recebia mais uma chance da Umbanda para me regenerar e seguir, a partir dali, o caminho correto cumprindo a minha missão.

Mas os mesmos motivos que me tiraram da casa que "me formou" como médium umbandista, foram mais do que suficientes para que minha passagem por lá fosse meteórica.

Eu deveria, à época, compreender que o sistema religioso umbandista possui hierarquia, tanto no lado astral quanto no lado material. E se eu não me adaptava ao sistema das casas pelas quais passei, deveria rever meus conceitos, atitudes e procedimentos.

Aos 50 anos, já havia rodado por tantas casas que me encontrava desiludida com a prática religiosa e mediúnica.

Sentia que minha força espiritual estava se esgotando. Saía muito enfraquecida dos trabalhos e tinha plena consciência de que não estava mais conseguindo trabalhar como antes.

Andava muito entristecida, à beira de uma depressão.

Meu marido, muito cuidadoso, fez de tudo para me animar, mas nada era suficiente para recuperar minha alegria de viver.

Minha filha, também muito preocupada (àquela altura já estava casada), tentava me animar levando-me para a sua casa, para passeios, mas nada era suficiente.

Passei a diminuir a frequência com que trabalhava na Umbanda, até que parei de frequentar a casa onde estava trabalhando naquele momento.

Na penúltima sessão da qual participei, fui chamada pela Cabocla dirigente da casa, que conversou comigo, alertando-me para o que acontecia na minha vida. Falou-me sobre os reais motivos de eu estar passando por aquilo tudo e reiterou que somente eu poderia desentortar tudo, mudando a forma de pensar e de agir.

Seus conselhos esvaíram-se, pois, além de tudo, minha teimosia não permitia que eu reconhecesse meus erros e limitações.

Tornei-me uma dona de casa triste, deprimida. Não encontrava saída ou solução para esses problemas.

Então, passei a tomar alguns remédios.

E esse foi um buraco muito fundo e sem retorno para mim.

Tornei-me dependente de comprimidos, especialmente.

Não resolviam meus problemas e, mesmo assim, eu não conseguia viver sem eles.

Aos 56 anos, passei a ter, frequentemente, sonhos com o universo umbandista.

Sonhava que estava em pontos de força da natureza, especialmente em cachoeiras, sendo imantada por Orixás, guias espirituais, até anjos em alguns sonhos apareciam.

Num determinado sonho, um Senhor Mestre da Luz conversou comigo. Falava as mesmas coisas que os guias espirituais já haviam me dito nos terreiros que frequentara anteriormente. Alertava-me sobre a questão da vaidade, do ego e da necessidade de me rever internamente e caminhar pela estrada da humildade, pois só assim eu encontraria a felicidade e cumpriria a minha missão da forma que Deus esperava que eu fizesse.

Acordei chorando muito naquela manhã. Eu sentia internamente que estava me perdendo.

Desesperada, achei que havia trilhado um caminho sem volta.

Mas as sinalizações dos Orixás e guias espirituais nos meus sonhos mostravam-me que eu poderia retornar e trilhar um novo caminho se eu quisesse.

Eu não conseguia encontrar forças para esse movimento.

Assim, fui vivendo até os 65 anos, quando faleci, deprimida, deixando minha filha e meu marido.

Eu poderia ter vivido mais. Digo "viver mais" muito mais em intensidade do que em tempo propriamente dito.

Poderia ter aproveitado a grande oportunidade que foi o tempo em que vivi no plano material para cumprir com o que me fora incumbido, levar um pouco do Amor Divino a quantos irmãos fosse possível.

Mas, infelizmente, deixei-me tomar pela vaidade.

E tudo isso foi fruto da minha rasa compreensão da Religião Umbandista Sagrada, dos ditames da espiritualidade, da Vontade de Deus, mas, fundamentalmente, de mim mesma.

Relato isso a todos os irmãos umbandistas, para que mantenham-se atentos.

Não permitam jamais que a vaidade paralise o andamento e o cumprimento de vossas missões.

Que Deus ilumine a todos!
Salve a Umbanda!
Relato enviado pelo espírito Sarah, ditado por Pai Thomé do Congo e anotado por André Cozta.

Seguir os Sinais é Sinal de Inteligência

Quando adentrei aquele terreiro, tive a sensação de familiaridade com o ambiente.

Minha esposa havia insistido tanto que eu acabei concordando em conhecer a casa, conhecer aquela religião.

Confesso que fui com uma certa má vontade, apenas com o intuito de agradar minha esposa. Mas, quando lá cheguei, a energia que pairava no ar entrou pelos meus poros e penetrou na minha alma.

A casa era modesta, porém muito bem cuidada. Em uma sala pequena, havia quatro médiuns trabalhando, além do dirigente dos trabalhos.

Os trabalhadores ocupavam aquela sala, atendiam às pessoas que saíam para que outras entrassem, devido à escassez de espaço naquele ambiente.

Muitas pessoas aguardavam no quintal daquela casa, sentadas em bancos de madeira.

Eu era advogado e funcionário público concursado.

De formação católica, definia-me adepto desta religião, mas não a praticava. Ia à igreja em eventos como casamentos, batismos e missas de sétimo dia.

Não me preocupava com minha saúde espiritual. Vivia em função da matéria e das minhas obrigações como chefe de família.

Minha esposa sempre foi muito mística. Passou pelos mais variados lugares e, naquele momento, estava fascinada com aquele terreiro de Umbanda.

Quando lá cheguei, entendi o porquê do seu fascínio, pois, realmente, aquele lugar transmitia uma positividade que eu ainda não havia visto em nenhuma das igrejas nas quais havia entrado.

O que mais me fascinou naquele lugar foram a beleza e a simplicidade.

Minha mulher cutucou-me e falou:

– Olhe lá, o Caboclo está olhando para você!

Fiquei meio sem jeito, não sabia para onde olhar, onde colocar as mãos.

Soltei um sorriso forçado e balancei as mãos como que para disfarçar.

Em alguns minutos, uma jovem de belos cabelos negros presos dirigiu-se até mim e disse:

– O senhor pode se aproximar, o Caboclo já vai atendê-lo.

Não entendia por que aquilo estava acontecendo! Eu apenas fui lá para conhecer o ambiente e teria de conversar com aquele espírito?! Pensei: "Nossa, que situação estranha! Eu deveria ter ficado em casa".

O Caboclo olhou-me nos olhos e falou:

– Aproxime-se, filho!

Cheguei próximo a ele, que me olhou mais uma vez nos olhos e disse:

– Você ainda não sabe por que veio aqui hoje?
– Sim, eu sei. Vim acompanhando minha mulher e também para satisfazê-la, pois há muito ela me fala desta igreja...
O Caboclo sorriu, olhou-me nos olhos e prosseguiu:
– Você está nervoso, filho! Não fique assim, você está numa casa de Umbanda, um templo religioso que trabalha para a caridade e pelo desenvolvimento espiritual de todos aqueles filhos que a este lugar procuram.
Sacudi a cabeça afirmativamente e olhei para o chão.
– Olhe para mim, filho! Vou lhe dizer por que você veio aqui hoje...
Olhei para ele espantado. O que ele me diria? Como ele poderia saber algo sobre mim?
Com semblante muito sério, ele pitou seu charuto, olhou-me nos olhos e começou a falar:
– Desde muito pequeno, você sente náuseas em certas ocasiões. E essas ocasiões sempre são momentos em que o ambiente está negativo. Você nunca conseguiu interpretar isso, até porque nunca se preocupou com isso. Na verdade, nunca havia parado para pensar nisso. Pense agora e verá que o que falo tem fundamento.
Realmente, eu nunca tinha parado para fazer esta associação.
Na minha infância, sempre que havia uma situação de conflito em reuniões de família ou quando meus pais discutiam, eu sentia náuseas, tontura até, muitas vezes.
Ele prosseguiu:
– Hoje em dia, você tem um controle maior disso. Um controle intuitivo, é verdade, mas tem. O que é fundamental que você saiba agora é que sua mediunidade está aflorando, prestes a estourar. E quando isso acontecer, você se lembrará das palavras deste Caboclo.

Ele despediu-se de mim. Retirei-me e fiquei do lado de fora da casa aguardando minha esposa, que se consultava com outra entidade.

Fomos para casa, conversamos bastante. Ela contou-me sobre o que conversou com a guia espiritual que a havia atendido. Contei tudo o que o Caboclo havia me falado.

Num misto de espanto, alegria e orgulho, ela falou:
– Então você é médium!
– Eu não sei. Estou muito confuso, isso tudo é novíssimo para mim. Eu não quero me preocupar com isso, não quero assumir esse tipo de compromisso. Preciso trabalhar. Nossa casa, nossos filhos dependem disso.
– Ora, mas você não vai deixar de trabalhar para ser médium!
– Não quero mais falar sobre isso!

Encerrei o assunto naquele momento. Ela respeitou minha decisão.

Era o ano de 1964, eu estava com 44 anos. Considerava-me um homem realizado. Estudei, formei-me, passei em um concurso público, tinha uma boa estabilidade financeira e proporcionava bastante conforto e felicidade (ao menos à minha visão) para a minha família.

Dentro deste contexto, não via espaço para trabalhos religiosos na minha vida. Eu compreendia e admirava as pessoas que se doavam à qualquer religião.

Porém, eu achava que se eu doasse roupas no Natal para crianças pobres, estava cumprindo com aquilo que poderia chamar de "minha parcela caritativa".

Encerrei (ao menos aparentemente) aquela questão e decidi que não falaria mais no assunto, não iria mais àquele ou a qualquer outro templo religioso e não pensaria mais no que aquele Caboclo me dissera.

Pois justamente esta terceira decisão foi a que não consegui cumprir.

Dia e noite, invariavelmente, lembrava-me das palavras daquele Senhor Mestre da Luz.

Algumas vezes, à noite, eu ouvia a voz do Caboclo repetindo aquelas afirmações ao pé do meu ouvido.

Em uma determinada noite, não consegui dormir.

Pensava naquela conversa o tempo todo, ouvia a voz do Caboclo.

No meio da noite, sentei na cama, coloquei a cabeça entre os joelhos e pensei: "Meu Deus, eu vou enlouquecer!".

Um dia, muito sutilmente, durante uma refeição, minha esposa (que percebia minha agonia) sugeriu que eu fosse novamente ao terreiro conversar com o Caboclo.

Imediatamente, retruquei:

– Nem pensar! Este assunto já está encerrado! Não vou mais àquele lugar!

– Mas é que você ficou assim depois que ouviu do Caboclo que você tem um trabalho mediúnico a cumprir. Se você não for lá, seu estado emocional piorará.

Fiquei em silêncio, pensando no que ela me dissera.

No fundo, eu sabia que ela tinha razão e que meu retorno àquele lugar seria inevitável. Mas resisti o quanto pude. Quarenta dias após esta conversa, abri o jogo para a minha esposa.

– Meu bem, não estou aguentando mais! Leve-me novamente àquele lugar. Preciso falar com o Caboclo.

Minha esposa era uma mulher muito espirituosa, brincalhona e, em muitas ocasiões, irônica.

Achei que ela se aproveitaria da situação e de minha visível fraqueza para zombar de mim. Porém, para meu espanto, ela apenas olhou para mim e disse:

– Hum-hum! Eu levo você lá.

No sábado seguinte, lá estávamos novamente.
Eu aguardava ansiosamente para falar com o Caboclo.
Após quase duas horas de espera, chamaram-me e fui conduzido até ele.
– Que bom que você veio, meu filho!
Fiquei em silêncio, aguardando que ele falasse.
– Você não anda se sentindo bem. Como lhe disse da última vez, você está encontrando consigo próprio neste momento. E o trabalho de caridade espiritual através da Umbanda é inevitável, a partir de agora, na sua vida, meu filho!
– Mas, eu não entendo tudo isso o que o senhor fala! Como farei isso? Eu nunca pratiquei essa religião.
– É mais simples do que você imagina, meu filho! Aquela filha que conduziu você até mim lhe dirá os procedimentos, dias das sessões de desenvolvimento, orientará você quanto ao uniforme da casa, mas o mais fundamental é que você passe a frequentar as sessões de desenvolvimento. Vou cuidar de você, meu filho, e, em breve, estará trabalhando para que seu povo possa auxiliar os irmãos encarnados e desencarnados.
Eu não sabia se estava vivendo um sonho ou um pesadelo.
Minha mulher demonstrava estar mais feliz do que eu.
Em alguns momentos, ficava preocupadíssimo com a nova função que eu exerceria na vida.
Iniciei o desenvolvimento naquele templo. O Caboclo Chefe, todos os guias, assim como todos os médiuns e trabalhadores daquela seara, mostravam-se muito carinhosos comigo e disponíveis a me auxiliar em qualquer circunstância.
Essa atitude por parte de todos na casa me cativou e, em pouco tempo, eu já nutria amor por todos aqueles irmãos de fé, por seus guias, pela casa e pela Umbanda.
Em poucos meses, minha vida era outra. Eu era um homem mais alegre. Senti, por meio da Umbanda, um salto de

qualidade na minha vida, tanto no convívio familiar quanto nas relações e nos resultados no meu ambiente profissional.

Aos 47 anos, já trabalhava com meus guias espirituais nas sessões de consulta da casa. Também era solicitado pelo dirigente, quando necessário, para sessões de descarrego.

Aos 52 anos, passei a receber um Cigano que trabalhava com cura.

E foi uma nova experiência para mim que, até então, não havia vivenciado esse tipo de trabalho dentro da religião umbandista.

Faleci aos 83 anos. Nessa época, em razão da idade, trabalhava menos, mas ainda me mantinha em atividade.

E assim sempre fiz questão de que fosse, pois, quando perguntavam-me por que eu não "me aposentava" na religião, imediatamente eu respondia: "Devo tudo o que sou à Deus, em primeiro lugar, e depois à Umbanda e seus mentores, pois o rumo que eu estava tomando na vida, quando encontrei esta religião, era o rumo do materialismo. Talvez eu nem estivesse mais aqui neste momento para lhe responder essa pergunta."

E continuo afirmando isso.

Graças à Umbanda, hoje sigo o rumo que deveria ter seguido sempre.

É como uma sinalização de trânsito. A placa está lá imóvel, mas, se a tirássemos do lugar, o que aconteceria?

Espero, sinceramente, irmão umbandista, que meu relato sirva para a sua reflexão.

Que Deus abençoe a todos os umbandistas!

Salve a nossa Umbanda!

Relato enviado pelo espírito Sérgio, ditado por Pai Thomé do Congo e anotado por André Cozta.

Mensagem Final

Muitas vezes, os médiuns umbandistas vão conduzindo seus trabalhos e não param para pensar, para fazer uma autoavaliação.

Em qualquer atividade, é necessário que haja um momento para reflexão, no qual avalia a forma de condução do trabalho e os resultados obtidos.

Este livro, filho(a) umbandista, tem o intuito de provocar em você esta reflexão.

Sete médiuns umbandistas desencarnados fizeram uma análise rápida de suas caminhadas na religião e apontaram seus erros.

Nunca é tarde para que avaliemos, reconheçamos as falhas e recomecemos a caminhada.

Esses médiuns só tiveram esta oportunidade após desencarnar.

Você a está tendo agora.

Aproveite, reflita e avalie-se!

Sob as bênçãos do Sagrado Pai Oxalá e as Divinas Vibrações do Sagrado Pai Xangô, desejo que você tenha uma bela e iluminada caminhada!

SARAVÁ!

Pai Thomé do Congo.

Oração aos Poderes Divinos

Olorum, Pai Maior e Divino Criador, humildemente, peço que me banhe com Suas Sete luzes, Suas Sete vibrações, fortalecendo em mim os Sete Sentidos da Vida.

Meu **Deus Amado**, mantenha-me firme na Fé, iluminado pelo **Sagrado Pai Oxalá** e guardado no Tempo contra os excessos e negatividades, pela **Divina Mãe Oiá**.

Que no sentido do Amor, eu seja guiado pelo Divino Coração da **Sagrada Mãe Oxum**. Se eu colocar o egoísmo acima do amor em meu coração, que eu encontre no **Amado Pai Oxumaré** a força para essa negatividade diluir e partir para a renovação.

Que eu trilhe no caminho da sabedoria, a cada momento, tendo, no **Sagrado Pai Oxossi**, a flecha que me guiará na estrada do conhecimento. E se deste sentido eu fizer mau uso na aquisição, que encontre, na **Divina Mãe Obá**, a força punitiva da concentração.

Que no sentido da justiça, o **Sagrado Pai Xangô** mantenha vibrando sobre mim o seu fogo equilibrador. Mas, se na justiça eu me exceder, que a **Amada Mãe Egunitá** dilua as negatividades com seu fogo consumidor.

Que a Ordem Divina esteja à minha frente, com o **Sagrado Pai Ogum**, guiando-me com sua espada dourada reluzente. Se eu ultrapassar os limites da Lei, seja hoje ou amanhã, que eu retorne ao equilíbrio com a força espiral dos ventos da **Amada Mãe Iansã**.

Que, no sentido da evolução, eu seja guiado por todas as passagens, tendo as portas abertas pelo **Sagrado Pai Obaluaiê**.

Mas se, ainda assim, as portas erradas eu escolher, que venha me transmutar, com seu Divino Poder decantador, minha **Amada Mãe Nanã Buruquê**.

Que a **Divina Mãe Iemanjá** me dê capacidade para criar e gerar. Mas, se nesta manifestação da vida, os limites eu ultrapassar, que o **Sagrado Pai Omolu** este sentido venha paralisar.

Se em qualquer dos Sete Sentidos a negatividade aflorar, peço que o Mistério do Vazio estas baixas vibrações venha esgotar. Que o **Senhor Orixá Exu**, **Trono da Vitalidade**, me mostre a estrada correta, pela janela da verdade.

E se em meu íntimo habitar uma negatividade flamejante, que a **Senhora Orixá Pombagira**, **Divino Trono dos Desejos**, possa me devolver o alívio interior, dotando-me de bons sentimentos.

Pai Olorum, que eu seja sempre Seu servidor, que eu possa levar aos meus irmãos o Seu Divino Verbo, por intermédio dos Sentidos da **Fé**, do **Amor**, do **Conhecimento**, da **Justiça**, da **Lei**, da **Evolução** e da **Geração**.

Que eu e todos os meus irmãos possamos, finalmente, perceber Sua presença Divina em nossos corações, em cada criatura deste mundo, em cada ponto da Natureza.

Que o **Amor Divino** brote do íntimo de cada um de nós. *Amém.*

Oração anotada por André Cozta em 10 de maio de 2011, ditada pelo Preto-Velho Pai Thomé do Congo.

Leitura Recomendada

Rituais Umbandistas
Oferendas, Firmezas e Assentamentos
Rubens Saraceni

Nesta obra, Rubens Saraceni discorre a respeito de oferendas, firmezas e assentamentos realizados na Umbanda. Assentamento é o local onde são colocados alguns elementos com poderes magísticos, com a finalidade de criar um ponto de proteção, defesa, descarrego e irradiação.

A Evolução dos Espíritos
Rubens Saraceni

Nessa obra mediúnica psicografada pelo Mestre Mago Rubens Saraceni, os Mestres da Luz da Tradição Natural dão abertura a um novo e magnífico campo para o entendimento da presença divina no cotidiano das pessoas. Para isso, tecem breves comentários a respeito da diversidade da criação e da natureza e sobre a evolução dos homens.

As Sete Linhas de Evolução e Ascensão do Espírito Humano
Rubens Saraceni

Na senda evolutiva do espírito são vários os caminhos que podem ser percorridos para a conquista do objetivo maior, que é o de sermos espíritos humanos divinizados. Mas que caminhos são esses que favorecem um "atalho" para se chegar mais rápido ao pódio?

Orixá Pombagira
Fundamentação do Mistério na Umbanda
Rubens Saraceni

Mais um mistério é desvendado: o da Pombagira, Orixá feminino cultuado na Umbanda. Por muitos anos, ela foi estigmatizada sob o arquétipo da "moça da rua", o que gerou vários equívocos e, por que não dizer, muita confusão, pois diversas pessoas já recorreram a ela para resolver questões do amor, ou melhor, para fazer "amarrações amorosas" à custa de qualquer sacrifício.

www.madras.com.br

Leitura Recomendada

A Iniciação a Umbanda
Ronaldo Antonio Linares / Diamantino Fernandes Trindade / Wagner Veneziani Costa

A Umbanda é uma religião brasileira centenária que cultua os Orixás (divindades), os quais influem diretamente nos mensageiros espirituais, que são as entidades incorporadas pelos médiuns para que os trabalhos sejam realizados.

Livro das Energias e da Criação
Rubens Saraceni

Este livro trata de um dos maiores mistérios divinos: a vida em si mesma e as múltiplas formas em que ela se mostra. O Mestre Mago Rubens Saraceni mostra que o mistério criador de Deus transcende tudo o que imaginamos, porque o Criador é inesgotável na sua criatividade e é capaz de pensar formas que fogem à imaginação humana, por mais criativos que sejam os seres humanos.

Jogo de Búzios
Ronaldo Antonio Linares

Jogo de Búzios foi idealizado por Ronaldo Antonio Linares, com o intuito de apresentar as especificidades desse conhecido oráculo sob a ótica umbandista, bem como desmistificar as comparações entre as religiões afro-brasileiras, Candomblé e Umbanda, que, em virtude do sincretismo sofrido no decorrer do tempo, foram consideradas como sendo a mesma.

O Cavaleiro do Arco-Íris
Rubens Saraceni

Este é mais um trabalho literário do Mestre Mago Rubens Saraceni que certamente cairá no gosto do leitor, tendo em vista que se trata de um livro iniciático, que apresenta a saga espiritual do Cavaleiro do Arco-Íris, o qual é um mistério em si mesmo e um espírito humanizado a serviço do Criador nas diversas dimensões cósmicas do Universo Divino.

www.madras.com.br

MADRAS® Editora

CADASTRO/MALA DIRETA

Envie este cadastro preenchido e passará a receber informações dos nossos lançamentos, nas áreas que determinar.

Nome _____
RG _____ CPF _____
Endereço Residencial _____
Bairro _____ Cidade _____ Estado _____
CEP _____ Fone _____
E-mail _____
Sexo ❑ Fem. ❑ Masc.   Nascimento _____
Profissão _____ Escolaridade (Nível/Curso) _____

Você compra livros:
❑ livrarias   ❑ feiras   ❑ telefone   ❑ Sedex livro (reembolso postal mais rápido)
❑ outros: _____

Quais os tipos de literatura que você lê:
❑ Jurídicos   ❑ Pedagogia   ❑ Business   ❑ Romances/espíritas
❑ Esoterismo ❑ Psicologia ❑ Saúde   ❑ Espíritas/doutrinas
❑ Bruxaria   ❑ Autoajuda   ❑ Maçonaria   ❑ Outros:

Qual a sua opinião a respeito desta obra? _____
_____

Indique amigos que gostariam de receber MALA DIRETA:
Nome _____
Endereço Residencial _____
Bairro _____ Cidade _____ CEP _____

Nome do livro adquirido: ***Relatos Umbandistas***

Para receber catálogos, lista de preços e outras informações, escreva para:

MADRAS EDITORA LTDA.
Rua Paulo Gonçalves, 88 – Santana – 02403-020 – São Paulo/SP
Caixa Postal 12183 – CEP 02013-970 – SP
Tel.: (11) 2281-5555 – Fax.:(11) 2959-3090
www.madras.com.br

Este livro foi composto em Minion Pro, corpo 12/14,4
Papel Offset 75g
Impressão e Acabamento
Yangraf Gráfica LTDA
Rua Cabo Romeu Casagrande, 277 – Parque Novo Mundo – São Paulo/SP
CEP 02180-060 – Tel/ fax: (11) 2632-6633
Email: atrativa@atrativagrafica.com.br